FREDERICK HOYOS FRANCO
JORGE GÓMEZ GÓMEZ
VELSSY HERNÁNDEZ RIAÑO

DESPLIEGUE DE REDES DEFINIDAS POR SOFTWARE MEDIANTE OPEN VSWITCH

FREDERICK HOYOS FRANCO
JORGE GÓMEZ GÓMEZ
VELSSY HERNÁNDEZ RIAÑO

DESPLIEGUE DE REDES DEFINIDAS POR SOFTWARE MEDIANTE OPEN VSWITCH

Configurando redes SDN mediante el controlador Open vSwitch

PUBLICIA

Imprint
Any brand names and product names mentioned in this book are subject to trademark, brand or patent protection and are trademarks or registered trademarks of their respective holders. The use of brand names, product names, common names, trade names, product descriptions etc. even without a particular marking in this work is in no way to be construed to mean that such names may be regarded as unrestricted in respect of trademark and brand protection legislation and could thus be used by anyone.

Cover image: www.ingimage.com

Publisher:
PUBLICIA
is a trademark of
Dodo Books Indian Ocean Ltd. and OmniScriptum S.R.L publishing group

120 High Road, East Finchley, London, N2 9ED, United Kingdom
Str. Armeneasca 28/1, office 1, Chisinau MD-2012, Republic of Moldova, Europe
Managing Directors: Ieva Konstantinova, Victoria Ursu
info@omniscriptum.com

Printed at: see last page
ISBN: 978-3-639-55114-3

DESPLIEGUE DE REDES DEFINIDAS POR SOFTWARE MEDIANTE OPEN VSWITCH

FREDERICK HOYOS FRANCO
JORGE GÓMEZ GÓMEZ
VELSSY HERNÁNDEZ RIAÑO

DESPLIEGUE DE REDES DEFINIDAS POR SOFTWARE MEDIANTE OPEN VSWITCH

Configurando redes SDN mediante el controlador Open vSwitch

FREDERICK HOYOS FRANCO
JORGE GÓMEZ GÓMEZ
VELSSY HERNÁNDEZ RIAÑO

SOBRE LOS AUTORES:

FREDERICK HOYOS FRANCO
Es ingeniero de sistemas, egresado de la universidad de Córdoba. Programador Full stack. Conocimientos en SQL, MySQL, PostgreSQL, VSCode, Microsoft SQL Server – Intermedio. Lenguajes de Programación: Java (Básico), Matlab, Python (Intermedio) ReactJS (Básico).

JORGE GÓMEZ GÓMEZ
Ingeniero de Sistemas de profesión egresado de la Fundación Universitaria San Martín, Magíster en Ingeniería Telemática de la Universidad del Cauca, Doctorado en Tecnologías de la Información y las Comunicaciones de la Universidad de Granada España, profesor de tiempo completo de la carrera de Ingeniería de Sistemas de la Universidad de Córdoba. Director del grupo de investigación SÓCRATES de la carrera de Ingeniería de Sistemas de la Universidad de Córdoba, Editor jefe de la revista Ingeniería e Innovación de la Universidad de Córdoba. Miembro y fundador de la rama estudiantil IEEE de la Universidad de Córdoba. He publicado numerosos artículos en el área de Internet de las Cosas, Context Awareness, e-learning, redes de telecomunicaciones, en diferentes revistas indexadas en los índices JCR y SCOPUS. He desarrollado proyectos de investigación relacionados con seguridad ciudadana, ciudades inteligentes, Internet de las cosas para temas de salud, entre otros. Soy el coordinador del grupo de investigación en Computación Pervasiva de la carrera de Ingeniería de Sistemas de la Universidad de Córdoba. En este grupo de investigación desarrollamos actividades de investigación orientadas a sistemas inteligentes basados en tecnologías como RFID, NFC, QRCODE, sistemas de geolocalización, sistemas ubicuos y omnipresentes. También en este semillero los estudiantes proponen soluciones en los temas antes mencionados; los miembros participan activamente dentro y fuera de la universidad en actividades de investigación. Como resultado, muchos miembros han ganado premios regionales y nacionales. Además, he participado como jurado evaluador

de revistas indexadas, tesis de maestría y doctorado. También soy editor invitado de la revista Computational and Mathematical Methods in Medicine-Hindawi. He sido profesor invitado de la Corporación Universitaria de la Costa, en el doctorado de Tecnologías de la Información y las Comunicaciones, en la materia Representación semántica de la información en entornos ubicuos. He sido profesor de la Universidad Cooperativa de Colombia en Montería del 2008 al 2015, donde impartí cursos de inteligencia artificial, bases de datos y redes de telecomunicaciones. De igual forma fui docente de la Universidad del Sinú en los años 2008 al 2015, donde también fui director del grupo de investigación GNOCIX de la carrera de Ingeniería de Sistemas. He sido conferencista en eventos nacionales e internacionales. A nivel internacional fui invitado por la Universidad Técnica Estatal de Quevedo Ecuador a impartir un seminario sobre Internet de las Cosas en el año 2014. En el año 2016 fui invitado por la Universidad de Babahoyo Ecuador a impartir un seminario taller sobre Sistemas Ubicuos. He participado en convocatorias internas de investigación de la Universidad de Córdoba, así como en convocatorias externas como Minciencias.
Finalmente puedo decir que con la experiencia que he tenido a lo largo de los años como profesional, he contribuido a generar nuevos conocimientos, esto se ha reflejado en los artículos que he publicado, los trabajos de posgrado que he dirigido, los cursos que he impartido y la apropiación del conocimiento a la comunidad educativa. Dentro de la Rama IEEE de la Universidad de Córdoba, he impulsado la investigación y la proyección social del conocimiento a entornos sociales que lo han requerido.

Velssy Hernández Riaño:
Es Ingeniera de Sistemas y tiene una Maestría en Ingeniería Telemática de la Universidad Francisco José de Caldas, Colombia. Es Profesora e Investigadora del grupo de investigación SOCRATES del Departamento de Ingeniería de Sistemas de la Universidad de Córdoba.

TABLA DE CONTENIDO

INDICE DE FIGURAS

CAPÍTULO 1

PRIMERAS PALABRAS.

INTRODUCCIÓN

En el panorama dinámico de las redes modernas, la evolución constante de las tecnologías de virtualización y computación en la nube ha desafiado las tradicionales infraestructuras de red basadas en dispositivos estáticos. Esta transformación ha generado una demanda creciente de soluciones prácticas que ofrezcan mayor flexibilidad y eficiencia. En respuesta a esta necesidad, surgieron las Redes Definidas por Software (SDN), una revolución en la industria de las redes. En el corazón de esta transformación se encuentra OpenvSwitch (OVS), un potente switch virtual de código abierto diseñado para facilitar la gestión y programación de redes SDN.

OpenvSwitch no solo representa una herramienta fundamental en la gestión de redes modernas, sino que también simboliza la libertad y la flexibilidad que las SDN ofrecen a los administradores y desarrolladores de redes. En el paradigma tradicional de redes, la configuración y gestión de dispositivos como enrutadores y conmutadores implican configuraciones estáticas y manuales. Este enfoque no solo es propenso a errores humanos, sino que también limita la capacidad de la red para adaptarse a cambios dinámicos en el tráfico y las necesidades de los usuarios.

Este libro se sumerge en el potencial de OpenvSwitch como un componente esencial en el ecosistema de SDN, proporcionando una visión detallada y práctica desde sus fundamentos hasta aplicaciones avanzadas. A lo largo de sus capítulos, se exploran los aspectos clave de OpenvSwitch, incluyendo su arquitectura, sus componentes principales y su integración con OpenFlow.

El objetivo de este libro es servir como una guía detallada para implementar y configurar OpenvSwitch, además de invitar a los lectores a explorar el potencial ilimitado de las redes definidas por software en la era digital. Con ejercicios prácticos y casos de uso específicos, los lectores pueden desarrollar habilidades desde configuraciones básicas hasta aplicaciones avanzadas, posicionándolos para dominar una de las tecnologías más disruptivas del siglo XXI.

CAPÍTULO 2
INTRODUCCIÓN A OPENVSWITCH.

OPENVSWITCH

OpenvSwitch (OVS) es un switch virtual de código abierto diseñado para habilitar la automatización de redes en entornos virtualizados. Su desarrollo comenzó en 2008 en Nicira, una empresa de software de redes fundada por Martin Casado, Nick McKeown y Scott Shenker. Nicira se centró en la creación de tecnologías de redes definidas por software (SDN) y la virtualización de redes, lo que llevó al desarrollo inicial de OpenvSwitch como una solución para conmutación de red en entornos virtualizados.

Desde sus inicios, OpenvSwitch fue concebido con el objetivo de proporcionar un switch de calidad industrial para entornos virtualizados que ofreciera las mismas características avanzadas de conmutación que los switches físicos. Esto incluía capacidades como VLAN tagging, LACP, QoS, y soporte para múltiples protocolos de encapsulación como GRE y VXLAN. Estas características avanzadas permitieron que OpenvSwitch se adoptara rápidamente en entornos de producción y proyectos de investigación.

En 2011, OpenvSwitch fue lanzado oficialmente como un proyecto de código abierto, lo que permitió una adopción más amplia y contribuciones de la comunidad global de desarrolladores. Este movimiento fue crucial para su crecimiento y evolución, ya que permitió que desarrolladores y empresas de todo el mundo colaboraran en su desarrollo y mejoramiento. La apertura del código fuente también facilitó su integración en diversas plataformas y proyectos de virtualización y SDN.

La adquisición de Nicira por VMware en 2012 por aproximadamente 1.26 mil millones de dólares marcó un hito importante en la historia de OpenvSwitch. Esta adquisición no solo validó la importancia de las tecnologías desarrolladas por Nicira, sino que también proporcionó recursos adicionales para el desarrollo continuo de OpenvSwitch. Bajo la administración de VMware, OpenvSwitch continuó expandiéndose y mejorándose, integrándose en las soluciones de virtualización de

VMware y manteniendo su compromiso con la comunidad de código abierto.

A lo largo de los años, OpenvSwitch se ha integrado en numerosos proyectos de código abierto y comerciales, incluyendo OpenStack, Xen, KVM, y Docker, ampliando su alcance y funcionalidad. En el ámbito de OpenStack, OpenvSwitch se ha convertido en la solución de conmutación predeterminada para muchos despliegues, facilitando la gestión de redes en entornos de nube privada y pública. En el ecosistema de contenedores, OpenvSwitch se utiliza en soluciones de redes de contenedores como OVN-Kubernetes, proporcionando capacidades avanzadas de conmutación y enrutamiento para aplicaciones en contenedores.

Además, OpenvSwitch ha sido adoptado en una variedad de entornos de producción y proyectos de investigación en todo el mundo. Empresas como Red Hat, IBM, Intel y otras han contribuido al desarrollo continuo de OpenvSwitch, añadiendo características, realizando pruebas y mejorando la documentación. Esta colaboración ha sido fundamental para mantener a OpenvSwitch como un proyecto robusto y activo, con actualizaciones regulares y un fuerte enfoque en la calidad y el rendimiento.

Por último, se puede llegar a decir que un aspecto importante del desarrollo de OpenvSwitch es su soporte para el protocolo OpenFlow, que permite la programación centralizada de flujos de red y la integración con controladores SDN. Esto ha permitido que OpenvSwitch se utilice en una amplia gama de implementaciones de SDN, proporcionando una plataforma flexible y escalable para la gestión de redes definidas por software.

IMPORTANCIA DE OPENVSWITCH EN REDES VIRTUALIZADAS

Como se ha comentado anteriormente, OpenvSwitch (OVS) ha emergido como una herramienta esencial en el panorama de las redes virtualizadas debido a su flexibilidad, eficiencia y capacidades avanzadas. En un mundo donde la virtualización y la computación en la nube se han convertido en pilares fundamentales de la infraestructura tecnológica moderna, la necesidad de soluciones de red que puedan igualar la agilidad y escalabilidad de las máquinas virtuales y contenedores es más crítica que nunca.

Por eso, OpenvSwitch ofrece una serie de características, integraciones, comunidad, entre otros que aseguran un buen rendimiento y adaptabilidad del framework ante las necesidades del usuario, las cuales abordaremos a profundidad a continuación para entender mejor esto.

Características Avanzadas

Entre las características avanzadas que ofrecen OpenvSwitch, encontramos las siguientes:

- **Soporte para múltiples protocolos de túneles:** OVS soporta GRE, VXLAN, Geneve y otros protocolos de túneles, permitiendo la creación de redes overlay que facilitan la conectividad entre diferentes centros de datos y entornos de nube.
- **Gestión avanzada de flujos:** Con el soporte de OpenFlow, OpenvSwitch permite la programación centralizada de flujos de red, lo que facilita la implementación de políticas de red dinámicas y basadas en aplicaciones.
- **Calidad de Servicio (QoS):** OVS ofrece capacidades de QoS que permiten priorizar el tráfico de red, garantizando que las aplicaciones críticas reciban el ancho de banda necesario.

Integración con Herramientas de Orquestación y Gestión.

La integración de OpenvSwitch con herramientas de orquestación y gestión como OpenStack y Kubernetes es otro factor clave de su importancia. En OpenStack, OpenvSwitch se utiliza para gestionar la conectividad de red entre instancias de máquina virtual, proporcionando aislamiento de red y conectividad segura. En Kubernetes, OpenvSwitch se emplea en soluciones de redes de contenedores como OVN-Kubernetes, ofreciendo una gestión de red robusta y escalable para aplicaciones en contenedores.

Rendimiento y Escalabilidad

OpenvSwitch está diseñado para ofrecer un alto rendimiento y escalabilidad. Su arquitectura modular permite a los administradores de red escalar las operaciones de red sin comprometer el rendimiento. El uso de la aceleración de hardware y la optimización de la ruta de datos en el kernel de Linux garantizan que OpenvSwitch pueda manejar altos volúmenes de tráfico con baja latencia.

Comunidad y Soporte

La comunidad de OpenvSwitch es vibrante y activa, con contribuciones de desarrolladores de todo el mundo y de empresas líderes en tecnología como Red Hat, IBM e Intel. Este soporte comunitario asegura que OpenvSwitch se mantenga actualizado con las últimas innovaciones y estándares de la industria, proporcionando a los usuarios una solución de red confiable y de vanguardia.

COMPARACIÓN CON OTROS SWITCHES VIRTUALES

Se ha estado hablando acerca de cómo se destaca OpenvSwitch por su flexibilidad, rendimiento y soporte a la comunidad y es que, si se hace una comparación con otros frameworks, se puede observar que es así, por eso se presenta una comparación detallada entre OpenvSwitch y otros switches virtuales como Linux Bridge, VMware vSwitch y Cisco Nexus 1000v, que también son bastante populares.

OpenvSwitch y Linux Bridge

Linux Bridge:

- **Simplicidad:** Linux Bridge es conocido por su simplicidad y facilidad de uso. Es una opción popular para la conmutación básica en entornos de virtualización debido a su implementación nativa en el kernel de Linux.
- **Características:** Ofrece características básicas de conmutación y soporte para VLAN, pero carece de las capacidades avanzadas de gestión de flujos y protocolos de túneles que OVS proporciona.
- **Escalabilidad:** Adecuado para entornos pequeños o medianos, pero puede enfrentar limitaciones de rendimiento y escalabilidad en despliegues grandes y complejos.

OpenvSwitch:

- **Complejidad:** Aunque puede ser más complejo de configurar que Linux Bridge, OVS ofrece una gama mucho más amplia de características y funcionalidades.
- **Características Avanzadas:** Soporte para OpenFlow, múltiples protocolos de túneles (GRE, VXLAN, Geneve), QoS y gestión avanzada de flujos.
- **Escalabilidad y Rendimiento:** Diseñado para entornos de gran escala y alto rendimiento, proporcionando una gestión eficiente del tráfico de red.

OpenvSwitch y VMware vSwitch

VMware vSwitch:

- **Integración Propietaria:** VMware vSwitch está profundamente integrado en el ecosistema VMware, proporcionando una conmutación eficiente y características avanzadas dentro de los entornos de vSphere.
- **Características:** Ofrece capacidades robustas como VLAN, teaming, failover y soporte para VXLAN.
- **Facilidad de Uso:** Diseñado para funcionar sin problemas con otros productos de VMware, lo que facilita su configuración y gestión para los usuarios de VMware.

OpenvSwitch:

- **Código Abierto:** A diferencia de VMware vSwitch, OVS es una solución de código abierto, lo que permite una mayor personalización y flexibilidad.
- **Interoperabilidad:** OVS se puede integrar con múltiples hipervisores y plataformas de virtualización más allá de VMware, incluyendo Xen, KVM, y Docker.
- **Comunidad:** La naturaleza de código abierto de OVS fomenta la colaboración comunitaria, lo que resulta en un desarrollo continuo y mejoras.

OpenvSwitch y Cisco Nexus 1000V

Cisco Nexus 1000V:

- **Marca y Soporte:** Respaldado por Cisco, ofrece un fuerte soporte empresarial y una integración robusta con entornos VMware y Microsoft Hyper-V.
- **Características Avanzadas:** Proporciona características avanzadas de red, incluyendo políticas de seguridad, QoS, y soporte para VXLAN.
- **Costo:** Como producto propietario, puede implicar costos significativos de licencia y soporte.

OpenvSwitch:

- **Costo-Efectividad:** Al ser una solución de código abierto, OVS no tiene costos de licencia, lo que lo hace atractivo para organizaciones con presupuestos limitados.
- **Flexibilidad:** Aunque Cisco Nexus 1000V ofrece características avanzadas, OVS ofrece una flexibilidad similar con la ventaja de la personalización abierta.
- **Ecosistema:** OVS puede ser utilizado en una variedad de entornos de virtualización y nubes públicas y privadas, lo que lo hace versátil y adaptable a diferentes necesidades.

Como se puede ver, OpenvSwitch se destaca como una solución óptima por ser de código abierto, robusta y flexible, capaz de llegar a la talla de opciones privadas en términos de características avanzadas y rendimiento. Todo esto lo hace una opción preferida para muchos despliegues de redes virtualizadas y SDN.

CAPÍTULO 3

CONCEPTOS FUNDAMENTALES DE NETWORKING.

CONCEPTOS DE REDES TRADICIONALES Y VIRTUALES

En el mundo de las redes, es esencial entender tanto los conceptos de redes tradicionales como los de redes virtuales. A continuación, se presenta una descripción detallada de ambos enfoques y sus diferencias clave.

Redes Tradicionales

Las redes tradicionales se componen de dispositivos físicos interconectados mediante cables y otros medios de comunicación. Estos dispositivos incluyen switches, enrutadores, firewalls y servidores, cada uno de los cuales desempeña un papel específico en la transferencia y gestión de datos a través de la red. Los conceptos fundamentales de las redes tradicionales incluyen:

- **Switching (Conmutación):**

  - La conmutación es el proceso de recibir datos en una interfaz de red y enviarlos a otra interfaz en la misma red. Los switches operan en la capa 2 del modelo OSI (capa de enlace de datos) y utilizan direcciones MAC para dirigir el tráfico entre dispositivos en la misma red local (LAN).
  - **Switching de Capa 2:** En las redes de capa 2, los switches aprenden las direcciones MAC de los dispositivos conectados a sus puertos y construyen una tabla de direcciones MAC para reenviar el tráfico al puerto correcto. Este proceso permite una comunicación eficiente dentro de una red local.

- **Routing (Enrutamiento):**

  - El enrutamiento es el proceso de mover paquetes de datos entre diferentes redes. Los enrutadores operan en la capa 3 del modelo OSI (capa de red) y utilizan direcciones IP para determinar la ruta más adecuada para enviar datos entre redes.

- **Protocolos de Enrutamiento:** Los enrutadores utilizan protocolos de enrutamiento como OSPF, BGP y EIGRP para intercambiar información de enrutamiento y construir tablas de enrutamiento. Estos protocolos ayudan a determinar las mejores rutas para el tráfico de red.

- **VLANs (Redes de Área Local Virtuales):**

  - Las VLANs permiten la segmentación lógica de una red física en múltiples redes lógicas. Esto mejora la seguridad y el rendimiento al separar el tráfico de red entre diferentes grupos de usuarios o dispositivos.
  - **Configuración de VLANs:** Los switches gestionan las VLANs asignando puertos a una VLAN específica. El tráfico entre VLANs diferentes generalmente requiere un enrutador o un switch de capa 3.

- **Seguridad de Red:**

  - La seguridad en redes tradicionales incluye el uso de firewalls, sistemas de detección de intrusos (IDS), y sistemas de prevención de intrusos (IPS) para proteger la red de accesos no autorizados y ataques.
  - **Firewalls:** Los firewalls controlan el tráfico de red basado en políticas de seguridad predeterminadas, filtrando el tráfico entrante y saliente para proteger la red.

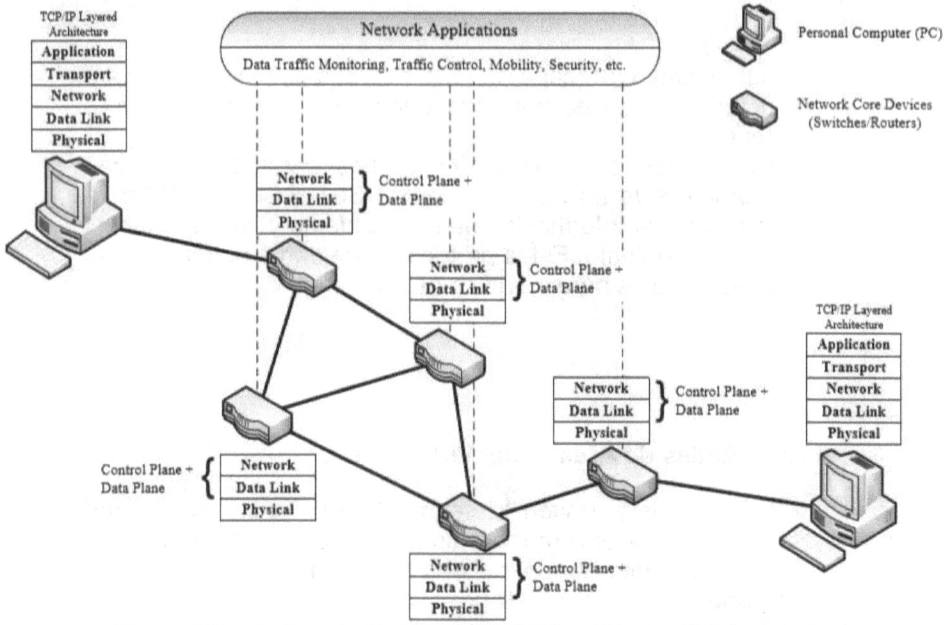

Figura 1 *Arquitectura de Red Tradicional (https://blogs.salleurl.edu/es/redes-tradicionales-vs-sdn-definidas-por-software)*

Una de las cosas a tener en cuenta con las redes tradicionales es su difícil administración, ya que están integradas verticalmente. Cada uno de sus dispositivos se controla a sí mismo, con su propio firmware instalado en su espacio de memoria. Por lo tanto, para hacer cualquier tipo de cambio el administrador de la red debe configurar manualmente cada uno de los dispositivos. Esto aumenta la complejidad y el posible error. A causa de todos estos motivos, las arquitecturas de red están evolucionando hacia topologías dinámicas y programables.

Redes Virtuales

Las redes virtuales, a diferencia de las tradicionales, se basan en software para proporcionar funciones de red a través de entornos virtualizados. Esto permite una mayor flexibilidad, escalabilidad y eficiencia en la gestión de redes. Los conceptos clave de las redes virtuales incluyen:

- **Virtualización de Redes:**
  - La virtualización de redes abstrae las funciones de red del hardware físico, permitiendo que estas funciones se ejecuten en software sobre hardware estándar. Esto incluye switches virtuales, enrutadores y firewalls virtuales
  - **Switches Virtuales:** Los switches virtuales, como OpenvSwitch, permiten la conmutación de tráfico entre máquinas virtuales (VMs) y contenedores dentro de un host físico o entre múltiples hosts.

- **Redes Definidas por Software (SDN):**
  - SDN separa el plano de control (gestión y toma de decisiones) del plano de datos (reenvío de paquetes), permitiendo una gestión centralizada de la red mediante un controlador SDN.
  - **Controladores SDN:** Los controladores SDN, como OpenDaylight y ONOS, permiten programar y gestionar dinámicamente la red mediante políticas centralizadas, mejorando la flexibilidad y la eficiencia.

- **Túneles y Overlays:**
  - Los túneles permiten la creación de conexiones virtuales seguras entre diferentes redes físicas a través de la internet o redes públicas. Los protocolos comunes de túneles incluyen GRE, VXLAN y IPsec.
  - **Redes Overlay:** Las redes overlay utilizan túneles para crear redes lógicas sobre redes físicas, facilitando la conexión entre centros de datos y entornos de nube híbrida.

- **Automatización y Orquestación:**

  - La automatización de redes utiliza herramientas como Ansible, Puppet y Chef para gestionar y configurar automáticamente la infraestructura de red.
  - **Orquestación:** La orquestación se refiere a la gestión automatizada de recursos y servicios de red en entornos virtualizados, permitiendo despliegues rápidos y escalables.

- **Seguridad en Redes Virtuales:**

  - La seguridad en redes virtuales incluye la segmentación de red mediante microsegmentación y el uso de firewalls virtuales y políticas de seguridad dinámicas.
  - **Microsegmentación:** La microsegmentación permite la aplicación de políticas de seguridad detalladas para cada VM o contenedor, mejorando la seguridad interna de la red.

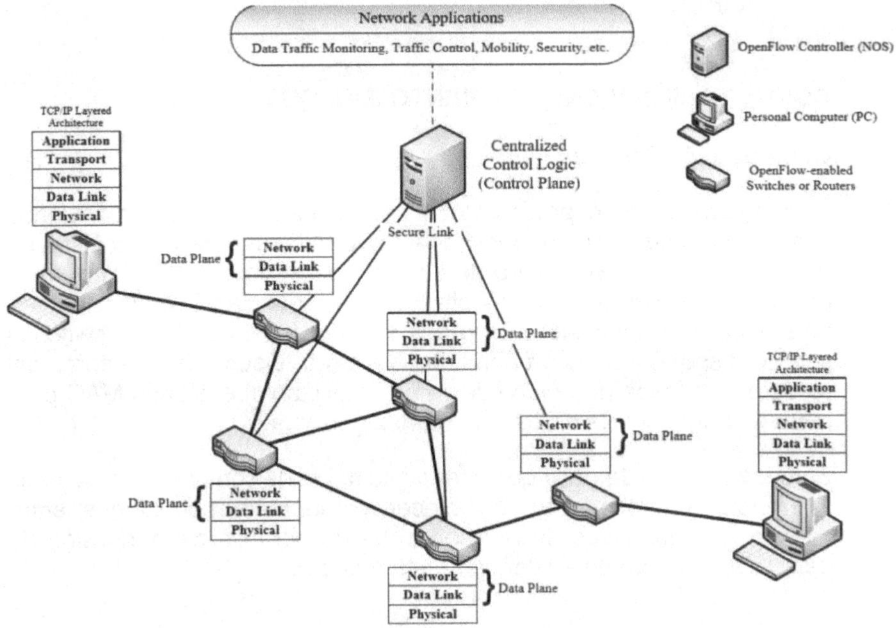

Figura 2 Arquitectura SDN (https://blogs.salleurl.edu/es/redes-tradicionales-vs-sdn-definidas-por-software)

Como se puede ver en la *figura 2*, en comparación a las redes tradicionales que se basan en hardware físico y configuraciones estáticas, las redes virtuales aprovechan al máximo la virtualización y la programación centralizada para ofrecer una mayor flexibilidad, escalabilidad y eficiencia y OpenvSwitch juega un papel crucial en este entorno, proporcionando capacidades avanzadas de conmutación y gestión de redes virtualizadas.

CONMUTACIÓN Y ENRUTAMIENTO BÁSICOS

Conmutación Básica

La conmutación es el proceso mediante el cual los datos son enviados desde una fuente a un destino a través de una red. Consiste en establecer una vía o camino de extremo a extremo entre dos puntos, por el cual uno es el emisor y otro es el receptor, a través de nodos o un equipo de transmisión. En redes de área local (LAN), los switches son los dispositivos encargados de esta tarea. Operan en la capa 2 del modelo OSI (capa de enlace de datos) y utilizan direcciones MAC para reenviar paquetes de datos a la interfaz correcta.

Entonces, se puede decir que cuando se habla de conmutación, se hace referencia al proceso de establecer y mantener conexiones entre diferentes dispositivos de red con el fin de permitir la transmisión de datos como se puede evidenciar en la *figura 3*.

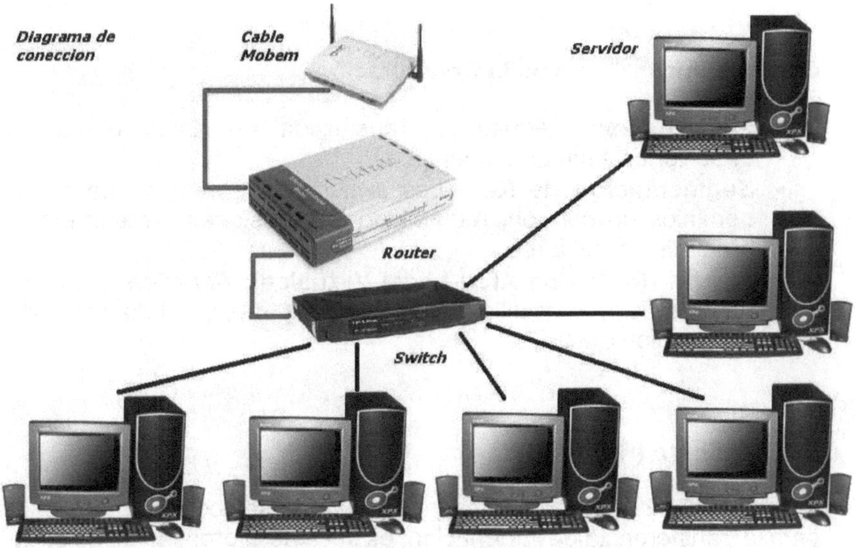

Figura 3 *Conmutación de Red (https://www.ecured.cu/Conmutaci%C3%B3n_%28Redes_de_comunicaci%C3%B3n%29#/media/File:Conmutacion_de_red.jpg)*

Para entender un poco mejor el tema de los switches, primero se verá su funcionamiento.

- **Aprendizaje de Direcciones MAC:** Cuando un switch recibe un paquete, lee la dirección MAC de origen y la almacena en su tabla de direcciones MAC, asociándola con el puerto por el que llegó el paquete.
- **Reenvío de Paquetes:** Si la dirección MAC de destino se encuentra en la tabla, el switch envía el paquete al puerto asociado con esa dirección. Si no está en la tabla, el switch difunde el paquete a todos los puertos excepto el puerto de entrada.
- **Tabla de Direcciones MAC:** Esta tabla es dinámica y se actualiza continuamente a medida que el switch aprende nuevas direcciones MAC y sus correspondientes puertos.

Características Clave de la Conmutación:

- **Full Duplex:** Permite la transmisión de datos en ambas direcciones simultáneamente.
- **Segmentación de Red:** Los switches segmentan una red en dominios de colisión, reduciendo las colisiones y mejorando el rendimiento de la red.
- **VLANs (Redes de Área Local Virtuales):** Permiten segmentar una red física en múltiples redes lógicas, mejorando la seguridad y la gestión del tráfico.

Enrutamiento (Routing) Básico

El enrutamiento hace referencia al proceso de selección de un camino para la transferencia de información, es decir es el proceso de selección de rutas establecidas en cualquier red. Los principios del enrutamiento se pueden aplicar a cualquier tipo de red, desde las redes telefónicas hasta el transporte público. En las redes de conmutación de paquetes, como Internet, el enrutamiento selecciona las rutas para que los paquetes del Protocolo de Internet (IP) vayan desde su origen hasta su destino. Una red de computación está formada por muchas máquinas, llamadas nodos, y rutas o enlaces que conectan dichos nodos.

La comunicación entre dos nodos en una red interconectada se puede producir a través de muchas rutas diferentes y el enrutamiento cumple la función de seleccionar la mejor ruta mediante algunas reglas predeterminadas llevadas a cabo por piezas especializadas de Hardware de red conocidas como enrutadores. Esto se puede evidenciar de mejor forma en la *Figura 4* a continuación.

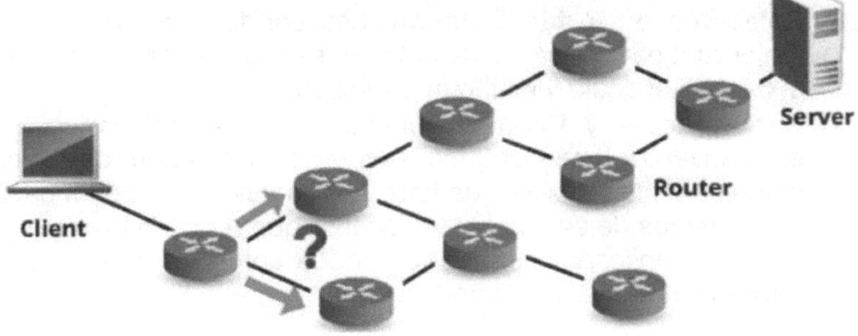

***Figura 4** Estructura de Enrutamiento (https://www.tecnoseguro.com/tutoriales/fundamentos-enrutamiento-draytek)*

Ahora, se mostrará a continuación como es el funcionamiento de un enrutador para entender un poco mejor el tema.

- **Tablas de Enrutamiento:** Los enrutadores mantienen tablas de enrutamiento que contienen información sobre las rutas a diferentes redes. Estas tablas son construidas y actualizadas mediante protocolos de enrutamiento.
- **Determinación de Rutas:** Cuando un enrutador recibe un paquete, consulta su tabla de enrutamiento para determinar la mejor ruta hacia la dirección IP de destino. Luego, reenvía el paquete al siguiente enrutador o dispositivo en la ruta.
- **Protocolos de Enrutamiento:** Protocolos como OSPF (Open Shortest Path First), BGP (Border Gateway Protocol) y EIGRP (Enhanced Interior Gateway Routing Protocol) son utilizados para intercambiar información de enrutamiento entre enrutadores y actualizar las tablas de enrutamiento

Características Clave del Enrutamiento:

- **Interconexión de Redes:** Los enrutadores permiten la interconexión de múltiples redes, facilitando la comunicación entre redes locales (LAN) y redes de área amplia (WAN).

- **Selección de Rutas Óptimas:** Los enrutadores seleccionan la mejor ruta para el tráfico de datos basándose en métricas como la distancia, el costo y el tiempo de tránsito.
- **Redundancia y Failover:** Mediante el uso de protocolos de enrutamiento dinámico, los enrutadores pueden adaptarse a cambios en la topología de la red, proporcionando redundancia y mecanismos de selección de servidor que admiten un sistema de archivos replicado, esto se le conoce como "failover" y esto se hace para mantener la conectividad.

Ejemplo de Conmutación y Enrutamiento:

Conmutación: En una red de oficina, un switch recibe datos desde una computadora y los envía al servidor dentro de la misma red local utilizando las direcciones MAC.

Enrutamiento: Para enviar un correo electrónico a una dirección externa, el enrutador de la oficina toma el paquete de datos y lo reenvía a través de la red de internet utilizando direcciones IP y las mejores rutas disponibles.

Interacción entre Conmutación y Enrutamiento

En una red típica, los switches y enrutadores trabajan juntos para proporcionar una comunicación eficiente y efectiva. Los switches manejan el tráfico dentro de la misma red local, mientras que los enrutadores gestionan el tráfico entre diferentes redes. Esta colaboración permite una segmentación adecuada y una utilización óptima de los recursos de la red.

En el contexto de redes virtualizadas y definidas por software (SDN), herramientas como OpenvSwitch integran funciones de conmutación avanzadas y facilitan la implementación de políticas de enrutamiento dinámicas a través de controladores SDN. Esto mejora aún más la flexibilidad y la eficiencia en la gestión de redes complejas.

VLANS Y SU IMPORTANCIA EN REDES VIRTUALIZADAS

¿Qué es una VLAN?

Una VLAN (Red de Área Local Virtual) o también conocidas como "Virtual LAN" es una tecnología que permite la segmentación lógica de una red física en múltiples redes lógicas. A través del uso de VLANs, los dispositivos conectados a diferentes segmentos de red pueden ser agrupados en la misma VLAN independientemente de su ubicación física. Esta segmentación se realiza en la capa 2 del modelo OSI (capa de enlace de datos) utilizando switches, lo que permite que cada VLAN actúe como una red independiente con su propio dominio de difusión.

Esta implementación proporciona soporte al estándar de identificación IEEE 802.1Q VLAN con la posibilidad de permitir que en los adaptadores Ethernet se ejecuten varios ID de VLAN. Cada ID de VLAN está asociado a las capas superiores (IP, etc) con una interfaz de Ethernet independiente y crea instancias lógicas del adaptador Ethernet para cada VLAN, por ejemplo, ent1, ent2 y así sucesivamente.

Evidenciamos mejor esto a continuación en la *figura 5.*

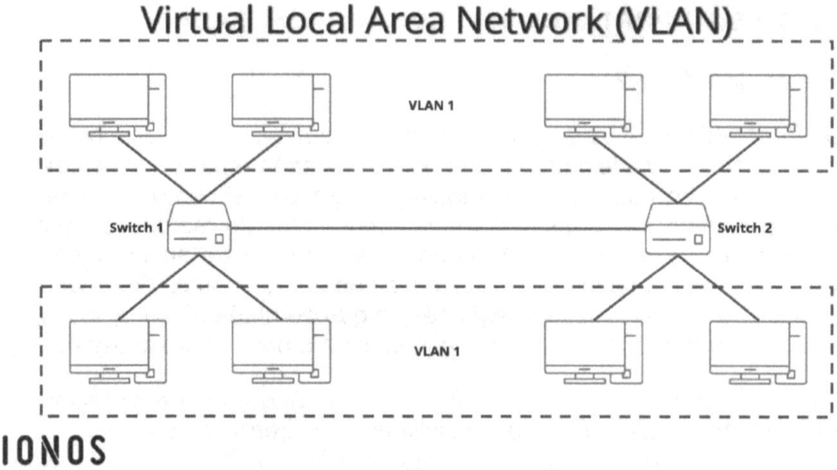

Figura 5 *Estructura VLAN (https://www.ionos.es/digitalguide/servidores/know-how/vlan/)*

Cabe destacar que cuando se habla de VLAN, también hacemos referencia a las VLANs, lo cual en ocasiones se tienden a confundir como dos cosas distintas, pero es lo mismo, la única diferencia es que cuando se hace referencia a "VLANs" se habla de manera plural y cuando se habla de "VLAN" se hace de manera singular. Ahora bien, para entender mejor el tema se verá a continuación el funcionamiento de las VLANs.

Funcionamiento de las VLANs

Las VLANs funcionan asignando etiquetas a los paquetes de datos que indican a cuál VLAN pertenecen. Estas etiquetas son añadidas por los switches a los paquetes cuando ingresan a la red y son utilizadas para dirigir los paquetes solo a los dispositivos dentro de la misma VLAN. Existen dos tipos principales de puertos en una VLAN:

- **Puertos de Acceso:** Los puertos de acceso pertenecen a una sola VLAN y se conectan a dispositivos finales como computadoras y impresoras. Estos puertos añaden y eliminan las etiquetas VLAN según sea necesario.
- **Puertos Troncales:** Los puertos troncales pueden transportar tráfico de múltiples VLANs entre switches. Estos puertos etiquetan los paquetes para identificar la VLAN de origen y destino, permitiendo la comunicación entre VLANs a través de una infraestructura compartida.

Importancia de las VLANs en Redes Virtualizadas

Las VLANs son cruciales en entornos virtualizados por varias razones:

1. **Segmentación de Red y Seguridad:**

    - **Aislamiento del Tráfico:** Al segmentar la red en VLANs, se puede aislar el tráfico de diferentes grupos de usuarios o aplicaciones, mejorando la seguridad y reduciendo la posibilidad de ataques internos. Por ejemplo, las VLANs pueden separar el tráfico de los empleados de las áreas administrativas y de los visitantes.
    - **Políticas de Seguridad:** Las VLANs permiten la aplicación de políticas de seguridad específicas para diferentes segmentos de la red, facilitando el control de acceso y la protección de datos sensibles.

2. **Eficiencia y Rendimiento:**

    - **Reducción del Dominio de Difusión:** Al limitar el dominio de difusión a una sola VLAN, se reduce la cantidad de tráfico de difusión en la red, mejorando el rendimiento y la eficiencia.
    - **Optimización del Tráfico:** Las VLANs permiten una gestión más eficiente del tráfico de red al agrupar dispositivos que se comunican frecuentemente, reduciendo la latencia y el uso del ancho de banda.

3. **Flexibilidad y Escalabilidad:**

    - **Gestión Centralizada:** En entornos virtualizados, los administradores pueden gestionar VLANs de manera centralizada a través de software de virtualización y switches virtuales como OpenvSwitch. Esto facilita la creación, modificación y eliminación de VLANs sin necesidad de cambios físicos en la infraestructura.
    - **Expansión de la Red:** Las VLANs permiten la expansión fácil de la red al añadir nuevos dispositivos a las VLANs existentes sin necesidad de reconfigurar la red física.

4. **Soporte para Redes Multitenant:**

    - **Aislamiento de Clientes:** En entornos de nube pública o privada, las VLANs son esenciales para proporcionar aislamiento y seguridad a diferentes clientes o inquilinos (tenants). Cada cliente puede tener su propia VLAN, asegurando que el tráfico de red esté completamente separado de otros clientes.
    - **Escalabilidad y Gestión Simplificada:** Las VLANs facilitan la gestión de grandes redes multitenant al proporcionar una estructura lógica clara y simplificada para la segmentación de red.

Implementación de VLANs con OpenvSwitch

OpenvSwitch (OVS) es una herramienta poderosa para la implementación y gestión de VLANs en entornos virtualizados. Algunas de las características clave de OVS en relación con VLANs incluyen:

- **Configuración de VLANs:** OVS permite la creación y configuración de VLANs de manera eficiente a través de comandos y scripts. Los administradores pueden definir VLANs y asignar puertos de acceso y troncales según sea necesario.

- **Soporte para VLAN Trunking:** OVS soporta VLAN trunking, permitiendo la transmisión de múltiples VLANs a través de un único enlace físico entre switches virtuales y físicos.
- **Integración con Controladores SDN:** La integración con controladores SDN como OpenDaylight permite una gestión centralizada y dinámica de las VLANs, facilitando la implementación de políticas de red avanzadas.

Ejemplo de Uso de VLANs

En una empresa con múltiples departamentos (por ejemplo, Ventas, Recursos Humanos y Desarrollo), cada departamento puede estar en su propia VLAN. Esto asegura que el tráfico de red de cada departamento esté aislado, mejorando la seguridad y el rendimiento. Además, si la empresa tiene varias sucursales, las VLANs pueden extenderse a través de las sucursales utilizando puertos troncales, permitiendo una gestión centralizada y consistente de la red.

CAPÍTULO 4

ARQUITECTURA DE OPENVSWITCH.

COMPONENTES PRINCIPALES.

OpenvSwitch (OVS) es una solución de conmutación de red virtual que consta de varios componentes clave, cada uno desempeñando un papel fundamental en su funcionamiento. A continuación, se detallan los componentes principales de OpenvSwitch:

Este software está bien adaptado para funcionar como un switch virtual en ambientes implementados con máquinas virtuales. Además de exponer interfaces estándar de control y visibilidad con la capa de red virtual, fue diseñado para soportar una distribución a través de múltiples servidores físicos. Open vSwitch soporta numerosas tecnologías de virtualización basadas en Linux:

- **Xen/XenServer**: es un monitor de máquinas virtuales de código abierto.
- **KVM (Kernel-Based-Virtual Machine)**: es una solución para implementar virtualización completa Linux.
- **VirtualBox**: es un software para realizar la virtualización de equipos.
- **Proxmox VE**: es una solución completa de virtualización de servidores basada en sistemas de código abierto. Permite la virtualización tanto sobre KVM como contenedores y gestiona máquinas virtuales, almacenamiento, redes virtualizadas y clústeres HA.

También se ha integrado en muchos sistemas de gestión virtuales como **OpenStack**, **OpenQRM**, **OpenNebula** y **oVirt**. Open vSwitch permite más capacidades que los módulos regulares de kernel Linux, aun cuando la ruta de datos está dentro del propio kernel Linux, lo que lo hace ideal para la construcción de esquemas de redes virtuales para nubes o para investigación de nuevos protocolos de red. La mayor parte del código está escrito sobre una plataforma independiente en C y es fácilmente portable a otros entornos.

ovs-vswitchd

Es el demonio principal de conmutación en OpenvSwitch. Es responsable de manejar la mayor parte del procesamiento de paquetes y la gestión de flujos de datos en la red. Algunos de sus roles principales incluyen:

- **Procesamiento de Paquetes:** ovs-vswitchd recibe, procesa y reenvía paquetes de red según las reglas de flujo configuradas. Esto incluye la conmutación de paquetes dentro de la red local y el reenvío de paquetes a través de túneles.
- **Gestión de Flujos:** Este componente gestiona las tablas de flujos que determinan cómo se manejan los paquetes. Las reglas de flujo pueden ser programadas manualmente o mediante un controlador SDN.
- **Interacción con el Kernel:** ovs-vswitchd se comunica con el módulo del kernel de OVS para realizar operaciones de conmutación eficientes y de alto rendimiento.

ovsdb-server

ovsdb-server es el servidor de la base de datos de configuración en OpenvSwitch. Utiliza el protocolo OVSDB (Open vSwitch Database) para almacenar y gestionar la configuración de la red. Sus funciones principales incluyen:

- **Almacenamiento de Configuración:** ovsdb-server almacena la configuración de switches, puertos, interfaces y otras entidades de red en una base de datos persistente.
- **Interfaz de Configuración:** Proporciona una interfaz para que los administradores y controladores SDN puedan leer y escribir configuraciones. Esto se realiza mediante comandos ovs-vsctl y otras herramientas de gestión.
- **Sincronización de Estado:** Mantiene la sincronización del estado de configuración entre diferentes instancias de OpenvSwitch en la red.

Módulo del Kernel

El módulo del kernel de OpenvSwitch es una parte integral que se carga en el kernel de Linux. Proporciona una ruta de datos de alto rendimiento para el procesamiento de paquetes. Sus características incluyen:

- **Procesamiento Rápido de Paquetes:** Al estar integrado en el kernel, este módulo permite un procesamiento rápido y eficiente de paquetes, minimizando la latencia y mejorando el rendimiento de la red.
- **Soporte para Túneles:** El módulo del kernel soporta varios tipos de túneles (como GRE y VXLAN), permitiendo la creación de redes overlay.
- **Interacción con ovs-vswitchd:** El módulo del kernel trabaja en conjunto con ovs-vswitchd para aplicar las reglas de flujo y manejar el tráfico de red.

ovs-vsctl

ovs-vsctl es una herramienta de línea de comandos utilizada para interactuar con ovsdb-server y gestionar la configuración de OpenvSwitch. Algunas de sus funciones principales incluyen:

- **Gestión de Switches y Puertos:** Permite crear, modificar y eliminar switches, puertos y otras entidades de red.
- **Configuración de VLANs y Túneles:** Facilita la configuración de VLANs y túneles, permitiendo una segmentación y expansión eficiente de la red.
- **Diagnóstico y Monitoreo:** Proporciona comandos para ver el estado actual de la configuración de OpenvSwitch, facilitando el diagnóstico y monitoreo de la red.

ovs-ofctl

ovs-ofctl es otra herramienta de línea de comandos que se utiliza para interactuar con las tablas de flujo de OpenvSwitch. Está orientada principalmente a la gestión de flujos de OpenFlow. Sus funciones incluyen:

- **Gestión de Flujos:** Permite añadir, modificar y eliminar flujos en las tablas de flujo de OpenvSwitch.
- **Monitoreo de Flujos:** Proporciona comandos para ver el estado de los flujos actuales y estadísticas de tráfico.
- **Depuración:** Facilita la depuración de problemas relacionados con el enrutamiento y la conmutación de paquetes.

ovs-dpctl

ovs-dpctl es una herramienta de gestión para interactuar con el datapath del kernel de OpenvSwitch. Sus funciones principales incluyen:

- **Gestión del Datapath:** Permite inspeccionar y modificar las configuraciones del datapath, incluyendo la visualización de las interfaces y las estadísticas de flujo.
- **Depuración de Problemas:** Proporciona comandos para diagnosticar problemas a nivel de datapath y verificar el estado de los componentes del kernel.

Ejemplo de Interacción entre Componentes

Para ilustrar cómo interactúan estos componentes, consideremos un escenario donde un administrador configura un nuevo switch virtual y define reglas de flujo:

1. **Configuración del Switch:** El administrador utiliza ovs-vsctl para crear un nuevo switch virtual y añadir puertos e interfaces. Estos comandos se comunican con ovsdb-server para almacenar la configuración.
2. **Aplicación de Reglas de Flujo:** Utilizando ovs-ofctl, el administrador define reglas de flujo específicas para gestionar el tráfico de red. Estas reglas se envían a ovs-vswitchd, que actualiza las tablas de flujo en el datapath del kernel.
3. **Procesamiento de Paquetes:** El módulo del kernel recibe paquetes de red, los procesa según las reglas de flujo definidas y reenvía los paquetes a los puertos adecuados.

4. **Monitoreo y Diagnóstico:** El administrador puede utilizar ovs-vsctl y ovs-ofctl para monitorear el estado de la red y diagnosticar cualquier problema, asegurando que la configuración y las reglas de flujo se apliquen correctamente.

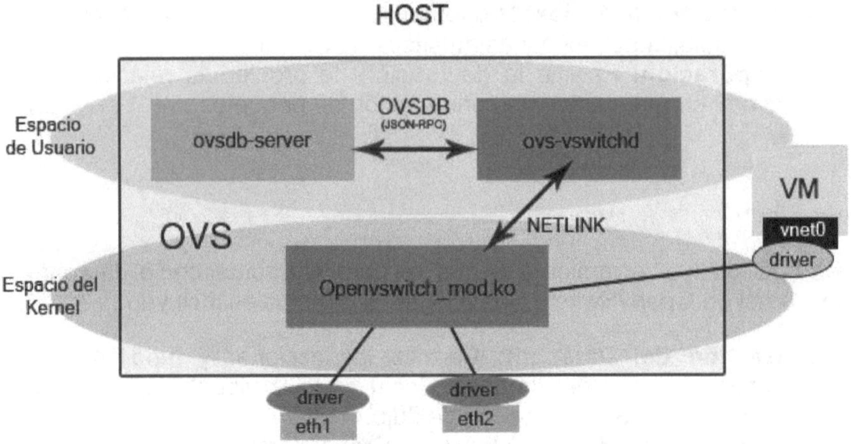

Figura 6 *Estructura OVS (https://es.wikipedia.org/wiki/Open_vSwitch)*

FLUJOS Y TABLAS DE FLUJO

En OpenvSwitch, los flujos y las tablas de flujo son componentes fundamentales que determinan cómo se maneja el tráfico de red. La capacidad de definir, gestionar y monitorear flujos de red de manera dinámica y eficiente es uno de los aspectos más potentes de OpenvSwitch. Para esto se va a explicar un poco más acerca de cómo funcionan los flujos y las tablas de flujo en OpenvSwitch.

¿Qué es un Flujo?

Un flujo en el contexto de redes definidas por software (SDN) y OpenvSwitch es una regla que define cómo se debe manejar un tipo específico de tráfico de red. Cada flujo consiste en varios campos que especifican las características del tráfico y las acciones que se deben tomar. Los flujos son similares a las reglas en las tablas de enrutamiento tradicionales, pero con una mayor flexibilidad y granularidad.

Ahora, para entender mejor esto, se analizará los componentes que hacen parte dentro de un flujo:

- **Campos de Coincidencia (Match Fields):** Estos campos especifican los atributos del tráfico que debe coincidir para que se aplique el flujo. Incluyen direcciones MAC, direcciones IP, puertos TCP/UDP, VLAN IDs, y más.
- **Acciones:** Las acciones definen lo que se debe hacer con el tráfico que coincide con los campos de coincidencia. Las acciones pueden incluir reenviar el paquete a un puerto específico, modificar ciertos campos del paquete, descartar el paquete, encapsularlo en un túnel, entre otras.
- **Prioridad:** La prioridad determina el orden en que se evalúan los flujos. Los flujos con mayor prioridad se evalúan antes que los de menor prioridad.
- **Tiempo de Vida:** Especifica la duración durante la cual el flujo es válido. Puede ser configurado para que expire después de cierto tiempo o cantidad de paquetes procesados.

Tablas de Flujo

Las tablas de flujo en OpenvSwitch son estructuras de datos que almacenan múltiples flujos. Cada switch puede tener varias tablas de flujo, y los paquetes se procesan a través de estas tablas en un orden específico. Las tablas de flujo permiten una gestión flexible y escalable del tráfico de red.

Para entender un poco mejor a lo que hace referencia la "Tabla de Flujo", se analizará su estructura y se comprenderá mejor el funcionamiento de esta.

- **Tabla 0:** Es la tabla de flujo inicial donde se inician todos los paquetes. Si un paquete no coincide con ninguna entrada en la tabla 0, puede ser enviado a una tabla posterior.
- **Tablas Subsiguientes:** Los paquetes pueden ser reenviados a tablas adicionales para un procesamiento más detallado. Esto

permite una segmentación y organización de reglas más compleja.

- **Tabla de Control:** Puede existir una tabla especial para manejar tareas específicas como el reenvío de paquetes a un controlador SDN para un procesamiento adicional.

Después de haber visto lo que son los Flujos y como estas se almacenan en tablas, se puede ver todo el funcionamiento dinámico que esta contempla, pero no que sucede cuando interactúa con el framework en cuestión, el cual es OpenvSwitch, lo que lleva a plantear la siguiente pregunta ¿Cómo se procesa un paquete una vez llega a OpenvSwitch?

Para esto, se explicará de la siguiente manera:

1. **Ingreso a la Tabla Inicial:** El paquete ingresa a la tabla de flujo inicial (normalmente la tabla 0).
2. **Evaluación de Campos de Coincidencia:** Los campos del paquete se comparan con las entradas de flujo en la tabla. Si encuentra una coincidencia, se ejecutan las acciones definidas por ese flujo.
3. **Reenvío a Tablas Subsiguientes:** Si el flujo especifica que el paquete debe ser procesado en una tabla posterior, se reenvía a esa tabla para una evaluación adicional.
4. **Ejecución de Acciones:** Las acciones especificadas por el flujo coincidente se ejecutan. Estas pueden incluir el reenvío del paquete, modificación de campos, encapsulación en un túnel, etc.
5. **Reenvío o Descarte:** Finalmente, el paquete es reenviado al destino apropiado o descartado según las reglas definidas.

Con esto, se logra entender un poco mejor de cómo funciona el procesamiento de paquetes una vez entra en contacto con el framework.

INTEGRACIÓN CON OPENFLOW

OpenFlow es un protocolo de comunicación que permite a los controladores SDN (Software-Defined Networking) interactuar directamente con los planos de datos de switches y routers, tanto físicos como virtuales. OpenvSwitch (OVS) es una implementación popular que soporta OpenFlow, proporcionando una plataforma flexible y escalable para la gestión de redes definidas por software. A continuación, se describe cómo OpenvSwitch se integra con OpenFlow y los beneficios que ofrece esta integración.

¿Qué es OpenFlow?

OpenFlow es un protocolo fundamental en el ámbito de las redes definidas por software (SDN), que ha revolucionado la manera en que se gestionan y controlan las redes. Este protocolo permite la comunicación directa entre el plano de control y el plano de datos de un dispositivo de red, como un switch o un router, facilitando una gestión más eficiente y flexible de la infraestructura de red.

OpenFlow fue desarrollado inicialmente en la Universidad de Stanford en 2008, como parte de un programa denominado "Pizarra Limpia", esta investigación seria un esfuerzo destinado a reconsiderar como debería ser diseñada la infraestructura de red con el fin de mejorar la gestión y la innovación en redes. La intención principal de sus creadores, incluyendo destacados investigadores como Nick McKeown, fue crear una arquitectura que permitiera a los investigadores experimentar con nuevas técnicas y algoritmos de control de red sin la necesidad de modificar el hardware subyacente de los dispositivos de red. Esto se logró al definir un protocolo que separa el plano de control, que decide cómo manejar el tráfico de red, del plano de datos, que es responsable de reenviar los paquetes según las decisiones del plano de control, lo cual se formalizo más tarde en el protocolo OpenFlow, que se presentó al mundo académico y profesional en 2008 con el artículo "OpenFlow: Enabling Innovation in Campus Networks.

Sobre la base de este, más tarde un equipo propuso un concepto de SDN en 2009, que atrajo una gran atención y en 2011, empresas mundialmente reconocidas como Google, Microsoft, entre otras empresas crearon en conjunto la ONF (Open Networking Foundation), una organización dedicada a la promoción y adopción de SDN, esta organización define como primera interfaz de comunicación a OpenFlow, lo cual lo vuelve un estándar en la industria.

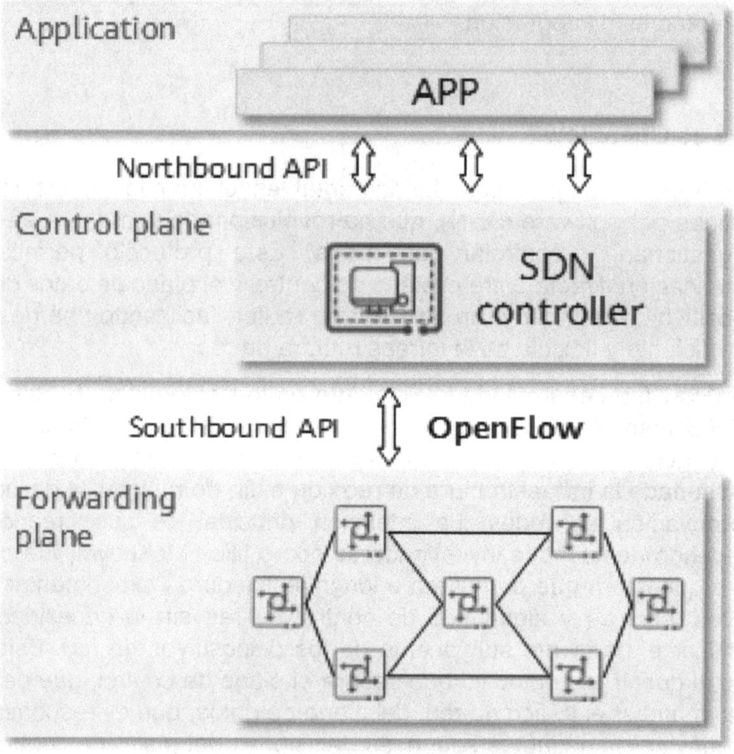

***Figura 7** Openflow en la Arquitectura SDN (https://forum.huawei.com/enterprise/es/%C2%BFQu%C3%A9-es-OpenFlow-Conceptos-B%C3%A1sicos/thread/748398411205459968-667212883622244352)*

Como resultado de todo esto, OpenFlow tomo una gran importancia en SDN debido a la capacidad que tiene para ofrecer una interfaz estándar que facilita la interoperabilidad entre dispositivos de diferentes fabricantes. Esto permite una flexibilidad y programabilidad sin precedentes en la red. Los administradores pueden definir políticas y reglas de enrutamiento de forma centralizada, aplicándolas automáticamente en toda la red, lo que reduce la complejidad y el potencial de errores en la configuración manual de dispositivos individuales.

Funcionamiento de OpenFlow

OpenFlow permite centralizar la toma de decisiones sobre el enrutamiento de paquetes, un cambio significativo respecto a las redes convencionales, donde cada conmutador decide independientemente cómo manejar el tráfico. En un switch OpenFlow, la separación entre la trayectoria de datos y la trayectoria de control es clara: la porción de datos reside en el switch, mientras que un controlador externo toma las decisiones de enrutamiento de alto nivel. Esta comunicación entre el switch y el controlador se realiza a través del protocolo OpenFlow, permitiendo una gestión de red más coherente y eficiente.

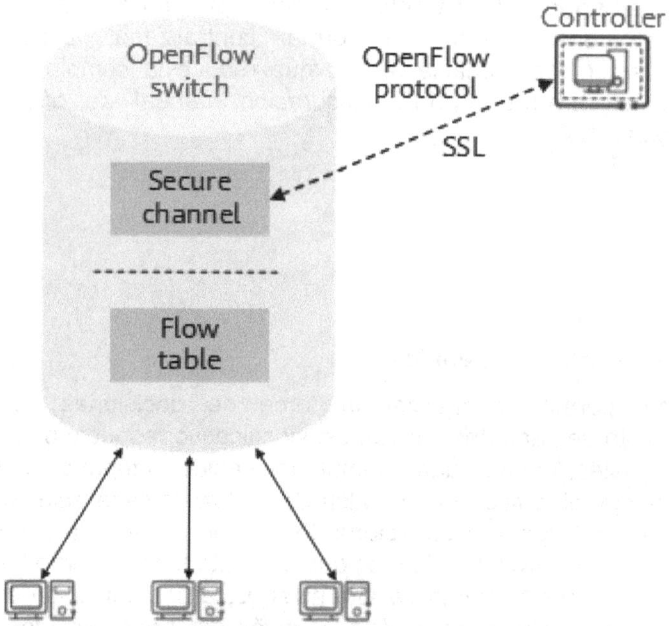

Figura 8 *Arquitectura de Openflow (https://forum.huawei.com/enterprise/es/%C2%BFQu%C3%A9-es-OpenFlow-Conceptos-B%C3%A1sicos/thread/748398411205459968-667212883622244352)*

Arquitectura OpenFlow.

Como vimos anteriormente en la *figura 8*, la arquitectura OpenFlow, consta de un controlador, un conmutador y un canal seguro, las cuales sus funciones son las siguientes:

1. **Controlador OpenFlow:**

   Un controlador OpenFlow es el cerebro de la arquitectura SDN y está ubicado en la capa de control para instruir el reenvío de datos a través del protocolo OpenFlow. Actualmente, los controladores OpenFlow principales se clasifican en dos tipos: controladores de código abierto, como NOX, POX y OpenDaylight, y controladores comerciales desarrollados por proveedores, como los controladores iMaster NCE de Huawei.

2. **Canal Seguro de OpenFlow:**

   Se establece un canal seguro entre un controlador y un conmutador OpenFlow. A través de este canal, el controlador controla y gestiona el conmutador y recibe retroalimentación del conmutador. Los mensajes intercambiados a través del canal seguro OpenFlow deben cumplir con el formato especificado por el protocolo OpenFlow. El canal seguro de OpenFlow generalmente se cifra mediante Seguridad de capa de transporte (TLS), pero puede ejecutarse directamente sobre TCP en texto sin formato en OpenFlow 1.1 y versiones posteriores.

3. **Commutator OpenFlow:**

   Como componente central de la red OpenFlow, un conmutador OpenFlow es el principal responsable del reenvío en la capa de datos. Puede ser un conmutador o enrutador físico o virtualizado. Los switches OpenFlow se clasifican en los siguientes tipos según su compatibilidad con OpenFlow:

   - **Interruptor OpenFlow Dedicado**: Un dispositivo OpenFlow estándar que solo admite el reenvío de OpenFlow y no puede realizar reenvío de Capa 2 o Capa 3 en el tráfico.
   - **Conmutador Compatible con OpenFlow**: Admite tanto el reenvío OpenFlow como el reenvío de capa 2/3. Es un switch comercial que admite funciones de OpenFlow como tablas de flujo y canales seguros.

4. Entrada de Flujo:

Los dispositivos de red tradicionales, como conmutadores y enrutadores, reenvían datos basados en la tabla de reenvío de direcciones MAC de capa 2, la tabla de enrutamiento de direcciones IP de capa 3 guardada localmente y los números de puerto de la capa de transporte. Los switches OpenFlow reenvían datos basados en tablas de flujo que contienen información de configuración de red de todas las capas de la red, en lugar de información de 5 tuplas. Las entradas en una tabla de flujo son combinaciones flexibles de ciertas palabras clave y acciones.

Cada entrada de flujo en una tabla de flujo de OpenFlow consta de campos de coincidencia y un conjunto de instrucciones que se aplican a paquetes coincidentes. Cuando se recibe un paquete de datos, un conmutador OpenFlow analiza y hace coincidir la cabecera del paquete con los campos de coincidencia en las entradas de flujo, y ejecuta la instrucción correspondiente si se encuentra una coincidencia.

La estructura de entrada de flujo varía según las versiones del OpenFlow como se puede ver a continuación en la *figura 9.*

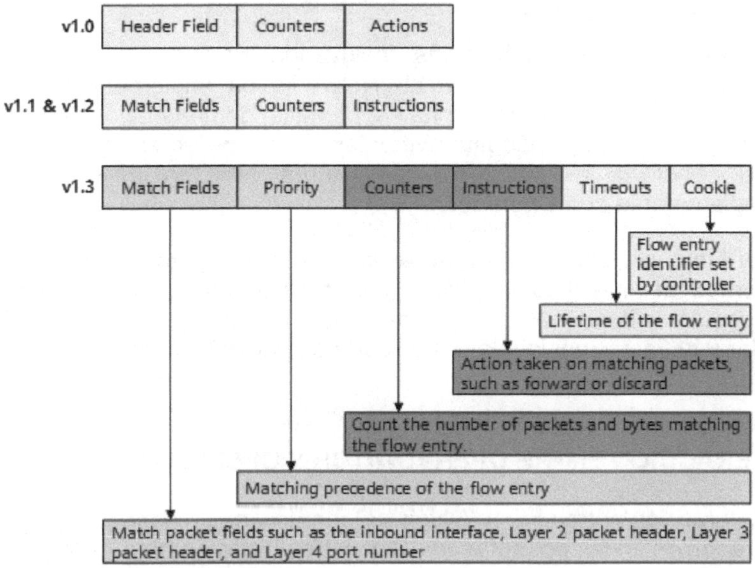

Figura 9 *Entradas de flujo en diferentes versiones de OpenFlow (https://forum.huawei.com/enterprise/es/%C2%BFQu%C3%A9-es-OpenFlow-Conceptos-B%C3%A1sicos/thread/748398411205459968-667212883622244352)*

Propuesta y Beneficios de OpenFlow

OpenFlow ofrece una plataforma que permite a los investigadores experimentar con nuevos protocolos y técnicas en redes operativas reales sin necesidad de modificar el hardware de los dispositivos. Esto proporciona un equilibrio práctico: los investigadores pueden trabajar con switches heterogéneos de manera uniforme y eficiente, mientras que los fabricantes no necesitan revelar los procesos internos de sus dispositivos. OpenFlow facilita así la innovación en el diseño y gestión de redes, proporcionando una herramienta valiosa para la experimentación en bancos de pruebas a gran escala.

Adopción de OpenFlow

Muchas empresas establecidas, incluyendo IBM, Google y HP, han adoptado OpenFlow. Big Switch Networks ha implementado redes OpenFlow sobre redes tradicionales, permitiendo una mayor flexibilidad en la colocación de máquinas virtuales dentro de un centro de datos. Para principios de 2012, la red interna de Google ya operaba completamente con OpenFlow.

OpenFlow no solo facilita la experimentación y la innovación en entornos de investigación, sino que también proporciona una base sólida para la implementación de redes SDN en entornos de producción, mejorando la eficiencia y la flexibilidad de la gestión de redes.

INTERACCIÓN ENTRE OPENVSWITCH Y OPENFLOW

La interacción entre OpenvSwitch y OpenFlow es un aspecto crucial de las redes definidas por software (SDN). Esta relación permite la gestión centralizada y dinámica del tráfico de red, proporcionando una gran flexibilidad y control a los administradores de red. A continuación, se describe cómo OpenvSwitch y OpenFlow interactúan, los componentes involucrados y los beneficios de esta integración.

1. **Controlador OpenFlow**
   - El controlador OpenFlow es el cerebro de la red SDN. Administra las políticas de enrutamiento y conmutación y comunica estas políticas a los switches OpenFlow, como OpenvSwitch.
   - Ejemplos de controladores OpenFlow incluyen OpenDaylight, Ryu y ONOS.
2. **Switch OpenFlow (OpenvSwitch)**
   - OpenvSwitch actúa como un switch OpenFlow, aplicando las reglas y políticas definidas por el controlador.
   - Maneja las tablas de flujo donde se almacenan las reglas para el procesamiento de paquetes.

3. Protocolo OpenFlow

- Define cómo el controlador y los switches se comunican y gestionan los flujos de red
- Incluye mensajes para añadir, modificar y eliminar flujos, así como para consultar el estado y las estadísticas de la red.

CAPÍTULO 5

INSTALACIÓN Y CONFIGURACIÓN INICIAL.

REQUISITOS DEL SISTEMA.

Para implementar y operar OpenvSwitch (OVS) de manera efectiva, es importante asegurarse de que el entorno del sistema cumpla con ciertos requisitos mínimos y recomendados. A continuación, se detallan los requisitos necesarios.

Requisitos de Hardware

1. **Procesador:**
    - **Mínimo:** Procesador de 64 bits, 1 núcleo.
    - **Recomendado:** Procesador de 64 bits, 2 o más núcleos, compatible con instrucciones de virtualización (VT-x/AMD-V) para entornos virtualizados.
2. **Memoria (RAM):**
    - **Mínimo:** 2 GB de RAM.
    - **Recomendado:** 4 GB de RAM o más, especialmente para entornos con tráfico de red intenso o múltiples instancias de OpenvSwitch.
3. **Almacenamiento:**
    - **Mínimo:** 10 GB de espacio libre en disco.
    - **Recomendado:** 20 GB o más de espacio libre en disco, preferiblemente en discos SSD para un mejor rendimiento.
4. **Interfaz de Red:**
    - **Mínimo:** Una interfaz de red Ethernet.
    - **Recomendado:** Múltiples interfaces de red Ethernet (Gigabit o superiores) para configuraciones avanzadas y rendimiento óptimo.

Requisitos de Software

1. **Sistema Operativo:**

OpenvSwitch es compatible con varios sistemas operativos, incluyendo:

- **Linux:** Distribuciones como Ubuntu, Debian, CentOS, Red Hat Enterprise Linux (RHEL), y Fedora.
- **FreeBSD:** Versión 10 o superior.
- **Windows:** A través de la integración en Hyper-V (soporte limitado).

Como la mejor forma de poder ejecutar el framework es a través de un sistema operativo Linux, ya que este es el mejor entorno de ejecución para ellos se usará una máquina virtual donde se le colocará un sistema operativo Linux que mejor se adapte a las necesidades del framework.

INSTALACIÓN VIRTUALBOX

Como se ha visto anteriormente, hacer uso del framework OpenvSwitch requiere de un sistema operativo que sea capaz de poder tener compatibilidad con sus dependencias y le de la libertad de trabajar sin mucho contra tiempo y el que cumple con los requerimientos esenciales para esto, no puede ser otro que Linux.

Linux, tiene una basta categoría de versiones y dentro de ellas podemos encontrar la que mejor se acople a la necesidad de cada usuario, para este caso la versión que se adapta más a las necesidades que se requieren para hacer uso del framework es la versión de Ubuntu. Se entiende que no muchas personas poseen este tipo de sistemas operativos y esto se debe en gran parte a que es un sistema operativo que dificulta la adaptabilidad y experiencia de usuario para muchas personas, lo cual tiende a decantarse más el mercado a otros como lo son el más popular Windows.

A pesar de todo, no es necesario instalar este sistema operativo en el propio computador personal para poder continuar en el transcurso de esta guía, ya que existen métodos para poder tener el sistema operativo de mejor conveniencia para el uso del framework haciendo uso del programa VirtualBox.

VirtualBox, como se mencionaba anteriormente, es un programa de virtualización que tiene como objetivo crear entornos de prueba o desarrollo con el fin de ejecutar aplicaciones compatibles con ciertos sistemas operativos, a lo cual viene perfecto para usuarios que disponen de sistemas operativos distintos al usar.

Para instalar VirtualBox, es necesario dirigirse a su página oficial en donde se encontrará su enlace de descarga como se encuentra a continuación en la *figura 10*.

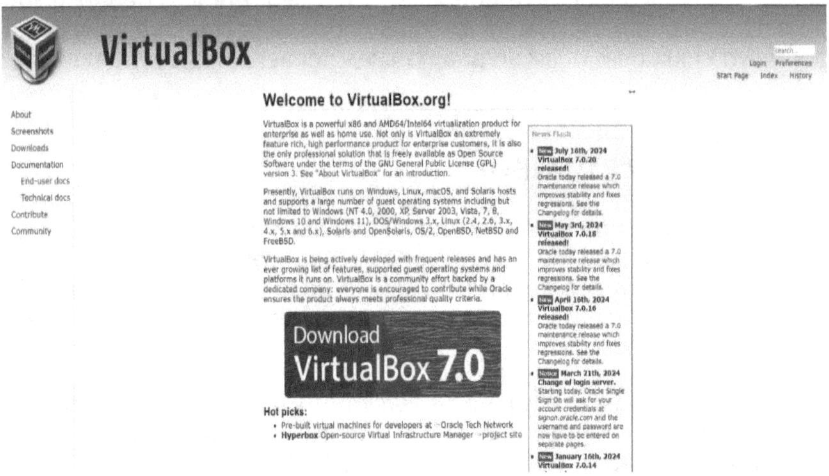

***Figura 10** Página Oficial de VirtualBox*

Una vez descargado el archivo ejecutable de instalación del programa, se procederá a ejecutar el archivo para la instalación de la aplicación, en este caso para la instalación del archivo se dejará todo por "Default" o "Por Defecto". Finalizada la instalación pasarán a ejecutar la aplicación y mostrar su entorno de inicio; parecido a lo que verán a continuación en la *figura 11*.

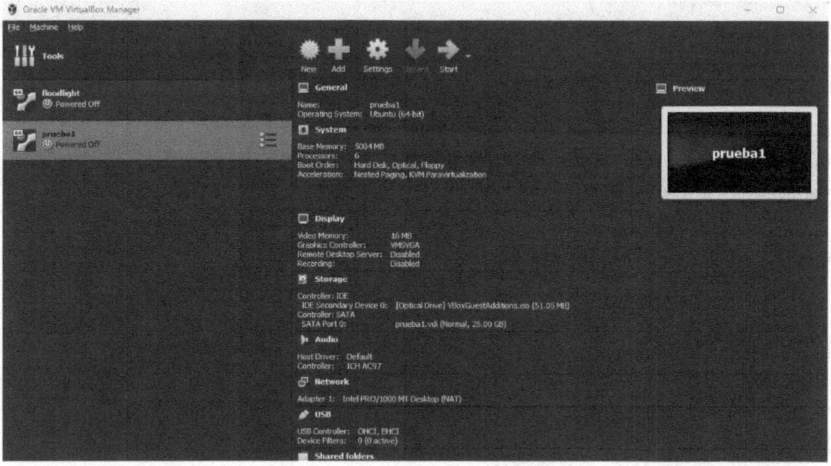

Figura 11 *Entorno VirtualBox*

INSTALACIÓN EN SISTEMA OPERATIVO LINUX (UBUNTU)

Ahora que se dispone de un entorno de virtualización, es el turno del sistema operativo. Anteriormente se hablaba de que el mejor sistema con el cual se cuenta y de mejor compatibilidad con los frameworks SDN es Linux, siendo un poco más específico Ubuntu, pero este al igual que otros sistemas, disponen de varias versiones la cual en este caso se usara la versión "Jammy Jellyfish 22.04.4 LTS", esta ayudara a poder instalar las dependencias necesarias para hacer uso del Framework.

Para esto, es necesario dirigirse a la página y elegir le versión mencionada anteriormente, o simplemente pueden disponer de su navegador de preferencia y buscar el sistema operativo para la ocasión, una vez encontrada la página, se podrá ver algo como lo que se aprecia en la *figura 12.*

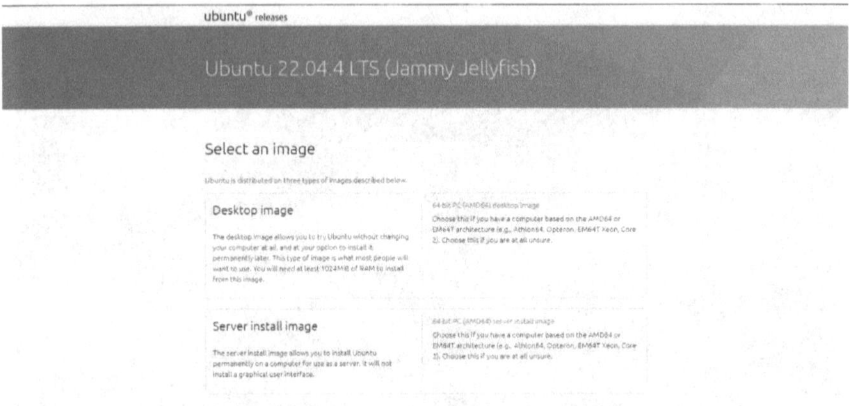

***Figura 12** Entorno de Descarga de Ubuntu*

Aquí dentro en lo que se logra ver en el contenido de la figura *12*, tendrán la posibilidad de poder elegir una de las dos versiones disponibles de la versión de este sistema, en este caso se dispondrá de la versión de escritorio, la cual es la siguiente.

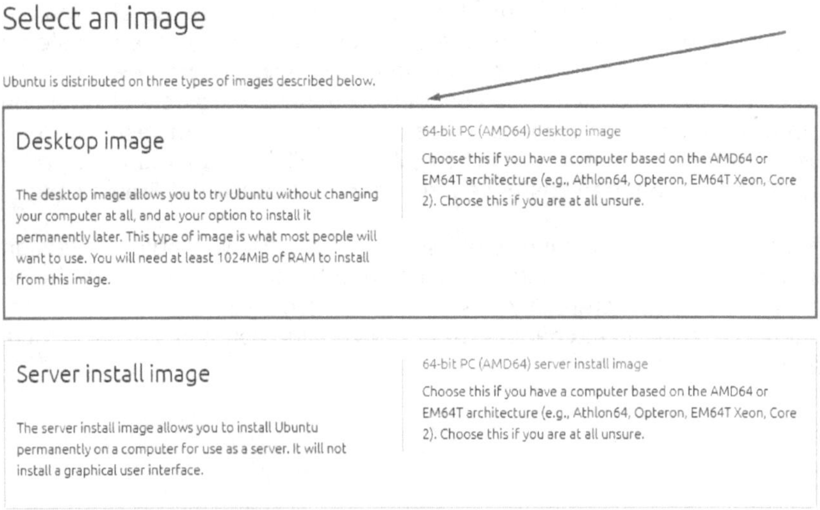

***Figura 13** Opción de Descarga de Ubuntu*

Una vez descargada la imagen que se visualiza en la *figura 13* y ya alojada en su lugar de trabajo, se procederá a configurar el entorno Ubuntu en VirtualBox. Para esto es necesario dirigirse o abrir la aplicación de VirtualBox en caso de que este cerrada, posteriormente se dirigirán al siguiente apartado que se puede ver en la *figura 14*.

Figura 14 *Caja de Opciones VirtualBox*

Una vez se dirigen a este apartado, procederá a pulsar el botón de "New" y se les abrirá la siguiente ventana que se muestra en la *figura 15*.

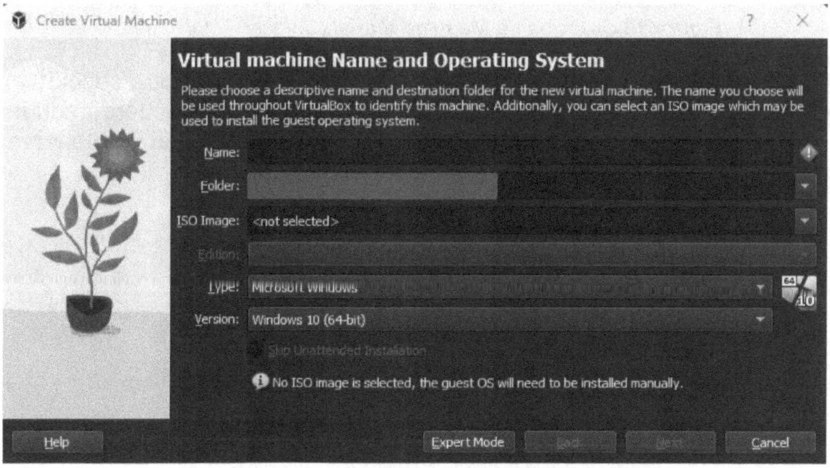

Figura 15 *Creación de Máquina Virtual*

Dentro de este apartado se encontrarán varias opciones las cuales sirven para configurar el entorno de la máquina virtual, en el apartado de “Name”, se le colocara el nombre que tendrá la maquina el cual para esta ocasión será “openvswitch” y en el apartado de “Iso Image”, se le colocara el archivo .iso descargado previamente con el sistema operativo como aparece a continuación en la *figura 16*.

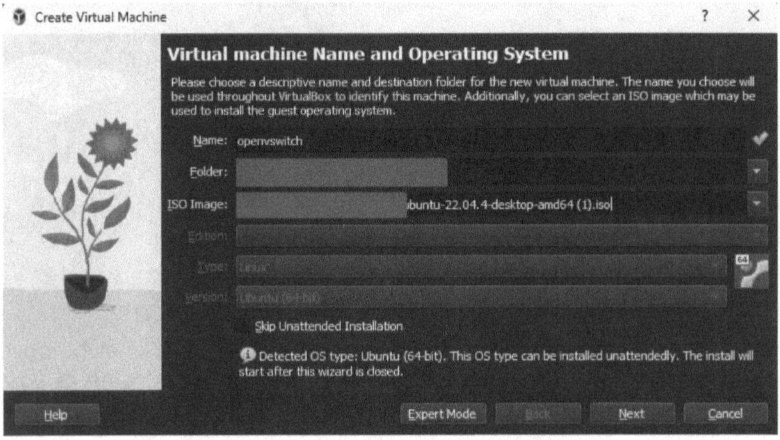

Figura 16 *Creación de Máquina Virtual (Colocar Archivo .iso)*

Posterior a esto, se dará en siguiente, en donde se verá otra sección el cual se puede dejar todo por “Default” o customizar de acuerdo con la comodidad de cada uno, en este caso se dejará todo igual y se pasará a la siguiente sección que se puede ver en la *figura 17*.

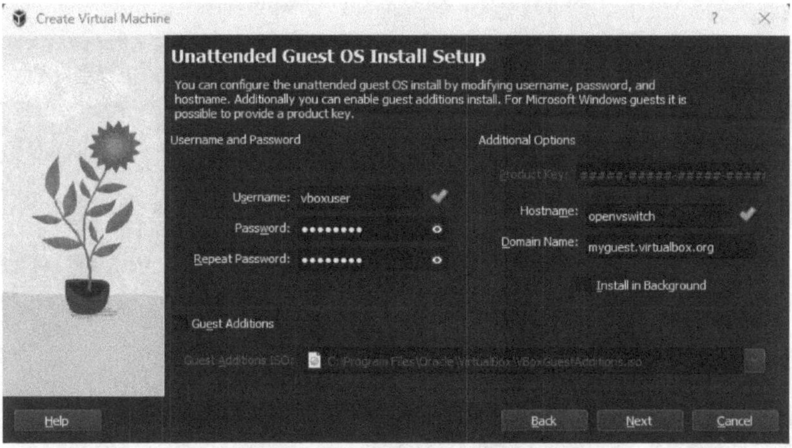

Figura 17 *Creación de Máquina Virtual (Asignación de Credenciales)*

En la sección que se puede ver en la *figura 18*, se mostrará las características del hardware que se le puede asignar al computador, por "Default" ya viene con unas definidas, pero mientras más se le asigne mejor podrá rendir la máquina, por eso, para este caso se le asignara 5GB de RAM y 6 Núcleos como se puede observar.

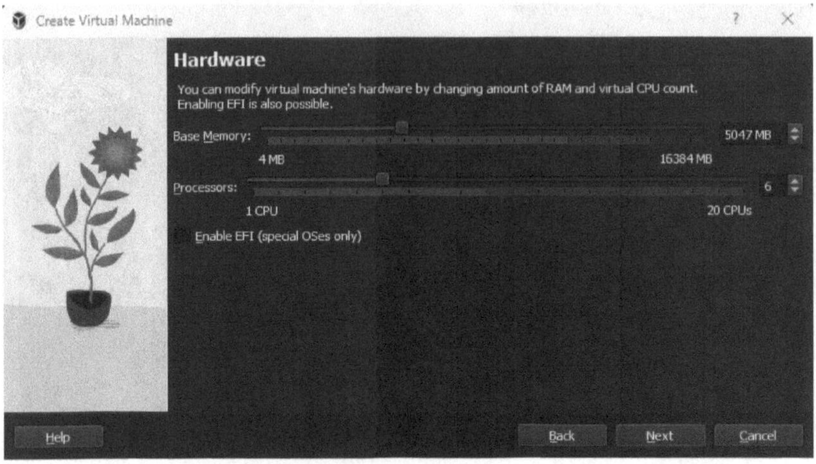

Figura 18 *Creación de Máquina Virtual (Asignación de Recursos de Sistema)*

Por último, se le podrá acceder el espacio de memoria a la máquina, por "Default" también VirtualBox asigna un espacio que uno puede modificar a conveniencia de uno, pero en esta ocasión se dejará igual que como lo asigna el programa, tal cual como se ve en la *figura 19*.

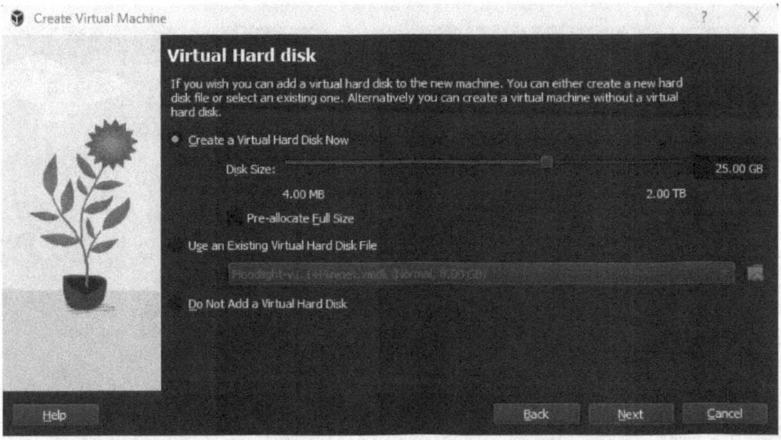

Figura 19 *Creación de Máquina Virtual (Asignación de Espacio)*

Por último, se le dará siguiente y finalizamos, después de esto se tendrá la máquina virtual creada y se ejecutará de manera automática, con esto se habrá finalizado la creación de la máquina.

CONFIGURACIÓN BASICA Y PRIMEROS PASOS

Una vez ejecutada la máquina virtual, esta los mandará al inicio del sistema operativo, aquí le pedirá el acceso al sistema, el cual, si hicieron todo por "Default", tendrá como contraseña de acceso la palabra "changeme", una vez ingresada la contraseña los mandará al escritorio del sistema operativo alojado en la máquina virtual.

Cuando se entra por primera vez al escritorio, se les pedirá varias configuraciones, las cuales pueden saltarse hasta el final, ya que estas no son necesarias para el flujo de trabajo que se va a ver en el transcurso de este libro.

Figura 20 *Desktop*

Una vez se encuentren en el escritorio como se muestra en la *figura 20*, se procederá a ir al apartado de aplicaciones del sistema operativo y buscar el apartado de configuraciones que se puede ver a continuación en la *figura 21*.

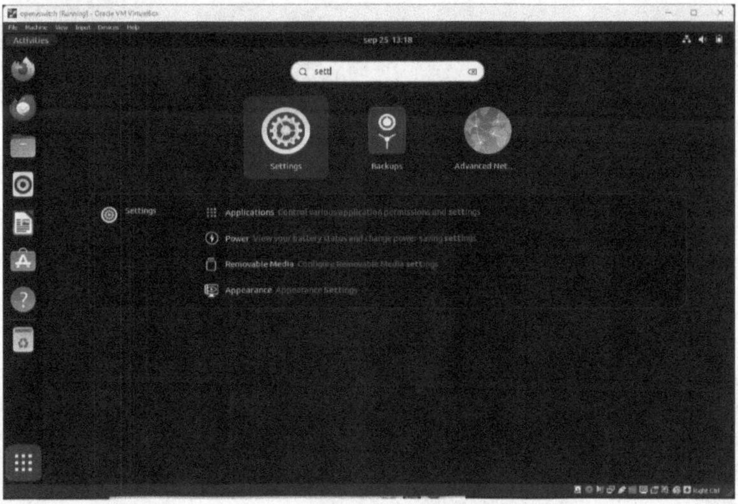

Figura 21 *Menú de Búsqueda*

Una vez dentro, buscan la opción de "Region & Language" y aquí adentro se procede a buscar la opción de lenguaje y se cambia a uno diferente al que viene por defecto en el sistema operativo como se puede ver en la *figura 22*.

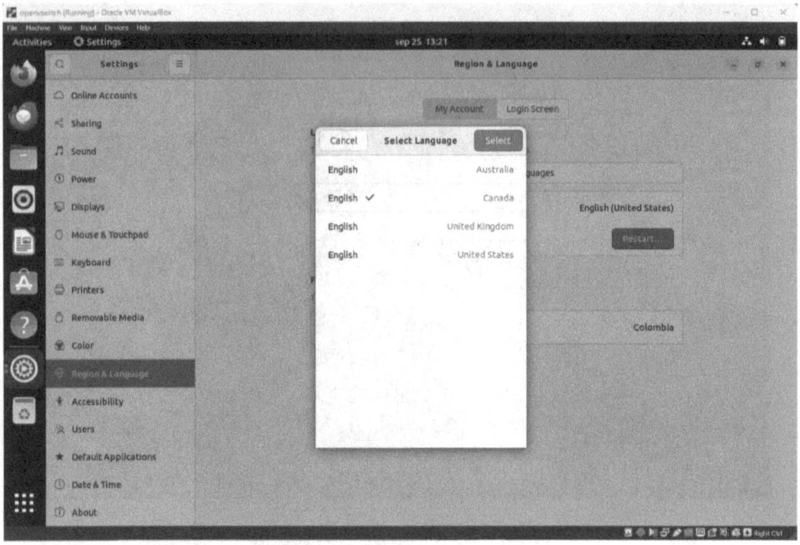

Figura 22 *Menú de Lenguaje.*

Posterior a esto, se procede a seleccionar el lenguaje y reiniciar, esto se hace con el fin de que funcione la consola del sistema con la que se trabajara. Al reiniciar y acceder nuevamente al escritorio del sistema, se procede en el apartado de aplicaciones buscar la consola del sistema y abrirla, tal y como se evidencia en la *figura 23.*

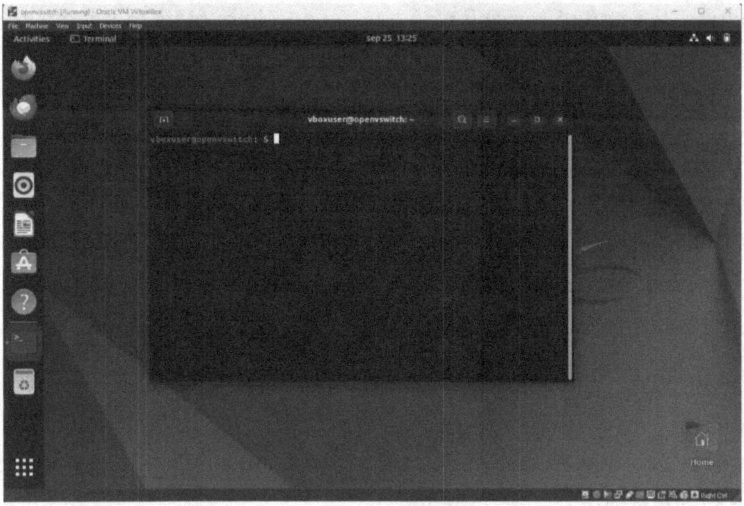

Figura 23 *Consola del Sistema (CMD)*

Ahora, aquí adentro se agregará un nuevo superusuario o usuario root dentro de las credenciales del sistema, esto es necesario para poder hacer uso de varios comandos que se necesitaran en la instalación de OpenvSwitch.

Para esto se procede a escribir el comando:

```
$ su
```

El comando *"su"* se utiliza para cambiar al usuario *superusuario* (root) en un sistema Linux. Al ejecutar este comando, será necesario ingresar la contraseña del *superusuario*. Una vez que se autentique, el prompt del sistema cambiará y se tendrá privilegios de superusuario, lo que permite realizar operaciones que requieran permisos elevados.

Después, les pedirá escribir una contraseña la cual es la misma con la que se accede al escritorio (changeme) y posteriormente se procederá

```
$ nano /etc/sudoers
```

a escribir el siguiente comando:

El comando *nano /etc/sudoers* se utiliza para abrir y editar el archivo de configuración */etc/sudoers* utilizando el editor de texto nano. El archivo */etc/sudoers* es un archivo de configuración que determina los permisos y configuraciones relacionadas con el comando *sudo* en Linux.

Una vez aplicado el comando, esto los redireccionará a un apartado donde se buscará la siguiente línea:

```
#User privilege specification
```

Aquí se encontrará el apartado donde se va a agregar el nuevo

```
vboxuser ALL=(ALL:ALL)ALL
```

superusuario, para esto, se hará un espacio debajo del *superusuario* ya existente y se agregará la siguiente línea:

Aquí cabe mencionar que se están usando parámetros que vienen por defecto en el VirtualBox, en caso de que estos se encuentren diferentes, como por ejemplo el usuario no sea *"vboxuser"*, sino cualquier otro diferente a este, es necesario cambiarlo por el que se designó por ustedes. El resultado final se puede ver en la *figura 24*:

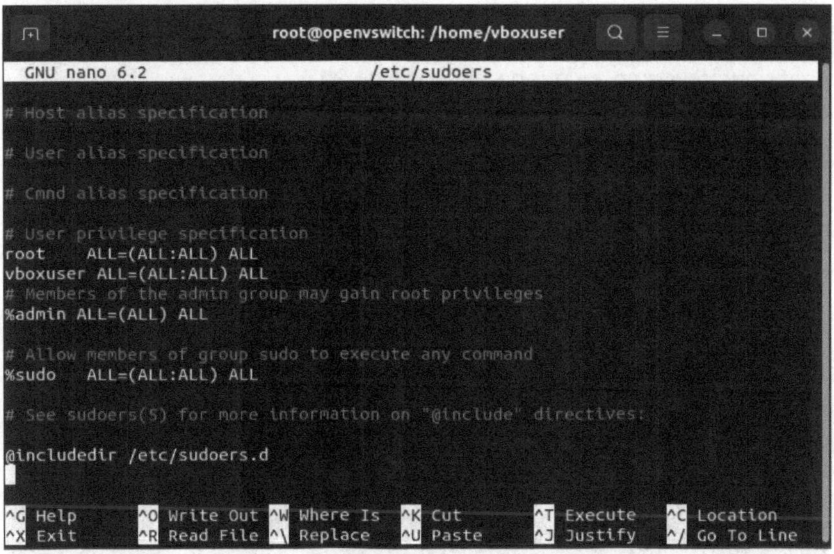

Figura 24 *Consola del Sistema - Configurar SuperUsuario.*

Después de efectuar todo, se procede a salir y guardar los cambios con

```
$ ctrl + x
$ Y (Para aceptar los cambios)
$ Tecla enter
```

la siguiente combinación de teclas:

Por último, se cerrará la ventana de la terminal para posteriormente iniciarla de manera limpia.

Preparación del ambiente.

Para empezar, se abrirá la terminal y dentro de la terminal se escribirá

```
$ sudo apt update -y && sudo apt upgrade -y
```

el siguiente comando:

Este comando servirá para actualizar las listas de paquetes y luego mejorar todos los paquetes a las últimas versiones sin pedir confirmación como se puede en la *figura 25*.

Figura 25 *Actualización de Paquetes*

Cabe recalcar que en ciertas ocasiones el sistema les pedirá una verificación, ya que estos cambios y actualizaciones que se están efectuando, se hacen a nivel sistemático, esta verificación es pedir nuevamente la contraseña de acceso al sistema.

Todos estos cambios y actualizaciones que se hagan se pueden

```
$ sudo apt list --upgradeable
```

verificar con el comando:

Si todos los cambios fueron efectuados de manera correcta, mostrara un *"Listo"* (Done) como respuesta

Ahora que se ha terminado de actualizar y upgradear los repositorios y carpetas del sistema, se procederá a descargar e instalar los paquetes

```
$ sudo apt-get install openssh-server
```

necesarios para el funcionamiento del servidor SSH, para esto, se escribirá el siguiente comando:

Después de escribir el comando, se les pedirá una verificación la cual aceptaran presionando la tecla *"Y"* y empezara un proceso que durara unos minutos como se observa a continuación en la *figura 26*.

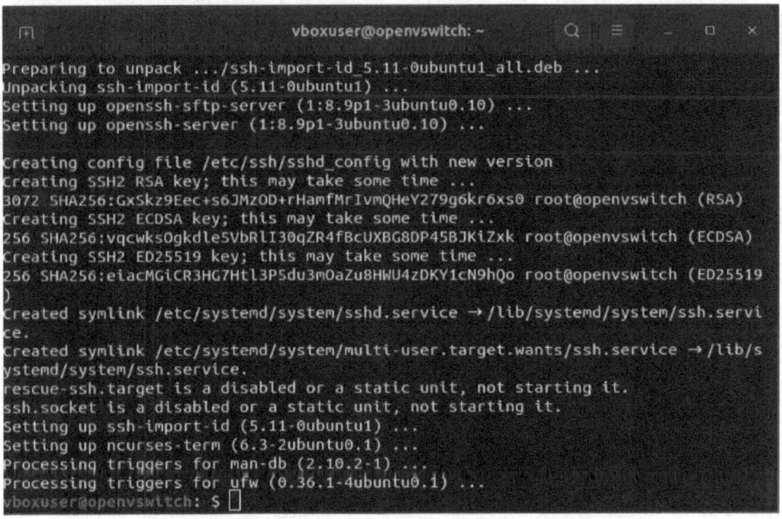

Figura 26 *Instalación del servidor SSH*

Con todo esto, se habrá finalizado la preparación del ambiente y se puede proceder a instalar los complementos necesarios para trabajar con OpenvSwitch.

Instalación de Git y Repositorios OpenvSwitch.

Para poder ejecutar OpenvSwitch, es necesario instalar primero el

```
$ sudo apt install git
```

complemento Git, por el cual se bajará el repositorio de OpenvSwitch, para esto se escribirá el siguiente comando:

Este comando, como se mencionaba anteriormente, permite instalar *"Git"* en el sistema operativo dentro de VirtualBox, con esto, ya se puede bajar el repositorio de OpenvSwitch que se necesitara para trabajar con

```
$ sudo git clone https://github.com/openvswitch/ovs.git
```

el framework, para esto es necesario escribir el siguiente comando:

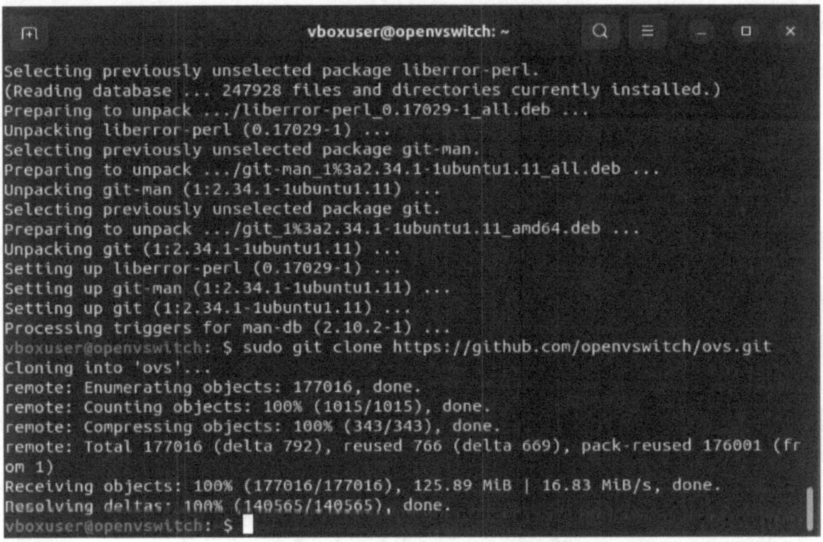

Figura 27 *Bajar repositorio OpenvSwitch*

Una vez que se escribe el comando como se ve en la *figura 27*, se empezara a bajar el repositorio de la biblioteca de *"Git"*. Este proceso puede demorar de acuerdo con la velocidad que manejan en la conexión

```
$ cd ovs
```

de internet. Ahora, se hará un cambio de ubicación y se procederá a moverse a la carpeta *"OVS"* instalada previamente con el siguiente comando:

Una vez dentro de la carpeta, se instalará el paquete de OpenvSwitch con el siguiente comando:

```
$ sudo apt install openvswitch-switch
```

Figura 28 *Instalación del paquete OpenvSwitch*

Con esto, se habrá finalizado la instalación de Git y los repositorios de OpenvSwitch como se vio en la *figura 28*, dejando listo el entorno para

```
$ sudo ovs-vsctl show
```

trabajar. Si se requiere saber la versión con la que se trabaja de OpenvSwitch, pueden escribir el siguiente comando:

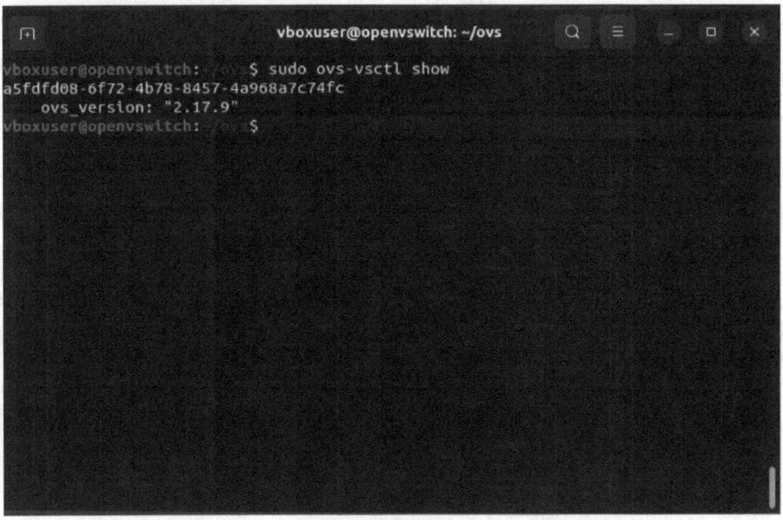

Figura 29 *Verificación de Versión OpenvSwitch*

CAPÍTULO 6

CONFIGURACIÓN AVANZADA DE OPENVSWITCH.

CONFIGURACIÓN DE BRIDGES Y PUERTOS.

La configuración de bridges y puertos es uno de los aspectos esenciales de OpenvSwitch. Para esta sección, se verá como configurar los bridges, permitiendo la gestión eficiente del tráfico de red.

El bridge actúa como un switch virtual que conecta múltiples interfaces de red y se pueden añadir puertos físicos o virtuales a este bridge, creando de esta manera una red virtual o gestionando un tráfico físico.

Ahora, para crear un bridge en OpenvSwitch, se escribirá el siguiente

```
$ sudo ovs-vsctl add-br br0
```

comando:

Posiblemente, puede que aparezca un error el cual imposibilite trabajar

```
$ sudo ovs-vsctl add-port br0 enp0s3
```

con la interfaz *"eth1"*, para solucionar este error se procede a escribir el siguiente comando:

Este comando añade una interfaz la cual es *"enp0s3"* al bridge que se ha creado anteriormente (*"br0"*). Después de hacer esto, se eliminará la

```
$ sudo ovs-vsctl del-port br0 eth1
```

referencia a la interfaz *"eth1"*, con el siguiente comando:

Con todo esto hecho, se verificará la configuración actual del bridge

```
$ sudo ovs-vsctl show
```

para confirmar que este únicamente la interfaz *"enp0s3"*, con el siguiente comando:

Si todo salió bien, debe verse el siguiente resultado que se puede ver en la *figura 30*.

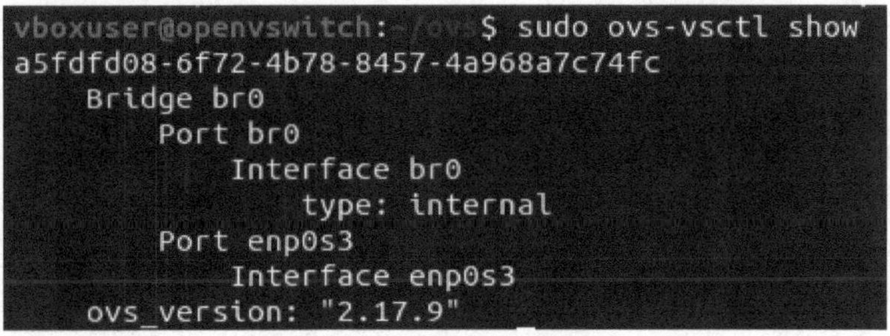

Figura 30 *Visualización de Bridge 1*

Con esto, la interfaz física *"enp0s3"* se encontrará conectada al bridge *"br0"*, de modo que todo el tráfico que pase por la interfaz física creada será gestionado por OpenvSwitch.

Ahora, dentro del bridge no solo se pueden agregar interfaces físicas, si

```
$ sudo ip link add veth0 type veth peer name veth1
```

no también interfaces virtuales, para esto se procede a escribir el siguiente comando.

Con esto, se habrán creado dos interfaces virtuales conectadas entre sí, las cuales tendrá por nombre *"veth0"* y *"veth1"*. Para agregar ahora

```
$ sudo ovs-vsctl add-port br0 veth0
```

estas interfaces virtuales, se procede a escribir el siguiente comando:

Ahora, *"veth0"* estará conectada al bridge *"br0"*, y se podrá usar *"veth1"* para conectar otros dispositivos o namespaces.

Anteriormente se vio cómo fue posible agregar una nueva interfaz para reemplazar *"eth1"*, el comando utilizado no sirve para reemplazar interfaces, si no, para crear interfaces y posteriormente a esto, se borró la anterior, con esto se da a entender que uno puede crear y borrar múltiples interfaces con el fin de crear un sistema acorde a las necesidades de cada usuario.

Ahora se verá cómo es posible crear un puerto interno al bridge, para esto es necesario escribir el siguiente comando:

```
$ sudo ovs-vsctl add-port br0 int0 -- set interface int0
```

Posterior a esto, se le asignará una *"IP"* para que sea alcanzable dentro del host, esto se hará con el siguiente comando:

```
$ sudo ip addr add 192.168.1.1/24 dev int0
$ sudo ip link set int0 up
```

Con esto, se asigna la IP *"192.168.1.1"* a la interfaz interna *"int0"* y estas

```
$ sudo ovs-vsctl show
```

configuraciones pueden ser visualizada scon el comando anteriormente mencionado el cual es:

Verificar estados y probar la interacción en las terminales.

Una vez terminada todas estas configuraciones puede ser posible ver la interacción y la comunicación entre ellos. Para esto se realizarán unas pruebas para verificar que los puertos como *"veth0"* y *"veth1"* se puedan comunicar entre sí.

Para esto, primero se verificará que las interfaces estén activadas, se

```
$ sudo ip link set veth0 up
$ sudo ip link set veth1 up
```

puede visualizar esto con el siguiente comando:

Esto no arrojara ninguna respuesta, simplemente activara las interfaces,

```
$ ip link show veth0
$ ip link show veth1
```

para verificar que estas interfaces se activaron correctamente se puede hacer con el comando:

Se debería ver un resultado como el siguiente.

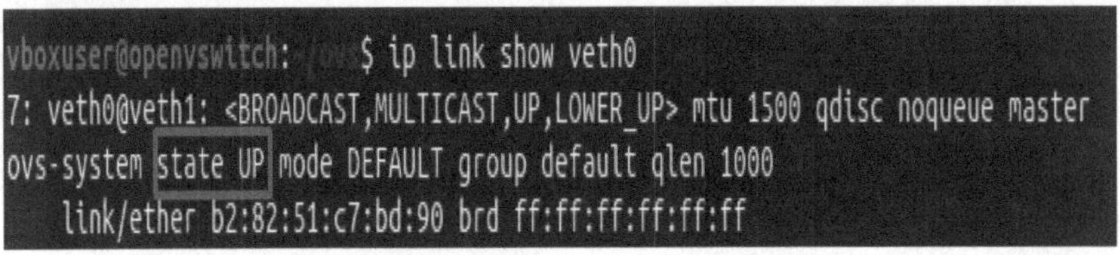

Figura 31 *Visualización de Terminal*

También es importante que marque el estado *"UP"* como se muestra en la *figura 31*, ya que esto indicara que las interfaces están activadas y listas para su uso.

Ahora, se verificará la comunicación entre las dos interfaces *"veth0"* y *"veth1"*, para esto se le asignará direcciones *"IP"* a cada una de ellas

```
$ sudo ip addr add 192.168.1.1/24 dev veth0
$ sudo ip addr add 192.168.1.2/24 dev veth1
```

con el siguiente comando:

Con esto se le asignara la *"IP"* correspondiente a cada una de las terminales. Ahora que las interfaces tienen direcciones *"IP"* asignadas, se puede probar la comunicación entre ellas utilizando un *"ping"*, esto se hace con el siguiente comando:

```
$ ping 192.168.1.2 -I veth0
```

Este comando enviará paquetes *"ping"* desde la interfaz *"veth0"* a la IP de *"veth1*. Si la configuración es correcta, deberías ver una respuesta exitosa como la que se ve en la *figura 32*:

Figura 32 *Envío de Paquetes*

Si se quiere salir del envió y regresar a la interfaz de comandos, se puede escribir al atajo *"ctrl + c"*.

También es posible, enviar más de un solo paquete, por ejemplo, si

```
$ ping -c 5 192.168.1.2
```

escribimos el siguiente comando:

Este comando enviará exactamente 5 paquetes a la dirección ip *"192.168.1.2"* y luego se detendrá como se puede ver en la *figura 33*:

```
vboxuser@openvswitch:~/ov$ ping -c 5 192.168.1.2
PING 192.168.1.2 (192.168.1.2) 56(84) bytes of data.
64 bytes from 192.168.1.2: icmp_seq=1 ttl=64 time=0.095 ms
64 bytes from 192.168.1.2: icmp_seq=2 ttl=64 time=0.029 ms
64 bytes from 192.168.1.2: icmp_seq=3 ttl=64 time=0.030 ms
64 bytes from 192.168.1.2: icmp_seq=4 ttl=64 time=0.031 ms
64 bytes from 192.168.1.2: icmp_seq=5 ttl=64 time=0.030 ms

--- 192.168.1.2 ping statistics ---
5 packets transmitted, 5 received, 0% packet loss, time 4132ms
rtt min/avg/max/mdev = 0.029/0.043/0.095/0.026 ms
```

Figura 33 *Envío de 5 paquetes*

También es posible enviar más de 5 modificando el valor del número paquetes a enviar, incluso se puede dejar de manera continua con el fin

```
$ ping 192.168.1.2
```

de ver el flujo de paquetes que dicha terminal maneja. Esto se puede hacer con el siguiente comando:

Este comando enviara continuamente paquetes a la dirección ip designada hasta que se le coloque fin al envío como se muestra en la *figura 34*:

```
vboxuser@openvswitch:~/ovs$ ping 192.168.1.2
PING 192.168.1.2 (192.168.1.2) 56(84) bytes of data.
64 bytes from 192.168.1.2: icmp_seq=1 ttl=64 time=0.022 ms
64 bytes from 192.168.1.2: icmp_seq=2 ttl=64 time=0.026 ms
64 bytes from 192.168.1.2: icmp_seq=3 ttl=64 time=0.026 ms
64 bytes from 192.168.1.2: icmp_seq=4 ttl=64 time=0.028 ms
64 bytes from 192.168.1.2: icmp_seq=5 ttl=64 time=0.024 ms
64 bytes from 192.168.1.2: icmp_seq=6 ttl=64 time=0.017 ms
64 bytes from 192.168.1.2: icmp_seq=7 ttl=64 time=0.166 ms
64 bytes from 192.168.1.2: icmp_seq=8 ttl=64 time=0.025 ms
64 bytes from 192.168.1.2: icmp_seq=9 ttl=64 time=0.025 ms
64 bytes from 192.168.1.2: icmp_seq=10 ttl=64 time=0.111 ms
64 bytes from 192.168.1.2: icmp_seq=11 ttl=64 time=0.029 ms
64 bytes from 192.168.1.2: icmp_seq=12 ttl=64 time=0.029 ms
64 bytes from 192.168.1.2: icmp_seq=13 ttl=64 time=0.031 ms
64 bytes from 192.168.1.2: icmp_seq=14 ttl=64 time=0.029 ms
64 bytes from 192.168.1.2: icmp_seq=15 ttl=64 time=0.027 ms
64 bytes from 192.168.1.2: icmp_seq=16 ttl=64 time=0.026 ms
64 bytes from 192.168.1.2: icmp_seq=17 ttl=64 time=0.032 ms
64 bytes from 192.168.1.2: icmp_seq=18 ttl=64 time=0.030 ms
64 bytes from 192.168.1.2: icmp_seq=19 ttl=64 time=0.036 ms
64 bytes from 192.168.1.2: icmp_seq=20 ttl=64 time=0.030 ms
64 bytes from 192.168.1.2: icmp_seq=21 ttl=64 time=0.030 ms
64 bytes from 192.168.1.2: icmp_seq=22 ttl=64 time=0.031 ms
```

***Figura 34** Envió de Paquetes Consecutivos*

USO DE VLANS Y TRUNKING.

Como vimos anteriormente las VLANs (Virtual Local Area Networks), permiten segmentar una red física en múltiples redes lógicas, mejorando la seguridad y la organización del tráfico. El trunking, por otro lado, permite transportar múltiples VLANs a través de un solo puerto.

Ahora, un puerto configurado en modo *"Access"* pertenece a una única VLAN. Estos puertos normalmente se ven utilizados para dispositivos finales como computadoras o impresoras que solo necesitan acceder a una VLAN.

Procederemos a mostrar un ejemplo de VLAN asignada a la interfaz

```
$ sudo ovs-vsctl set port enp0s3 tag=10
```

"enp0s3" con el siguiente comando:

Este comando asigna la interfaz *“enp0s3”* a la VLAN 10, todo el tráfico que pase por este puerto estará etiquetado con la VLAN 10. Podemos utilizar herramientas como *“ovs-ofctl”* para inspeccionar los flujos y ver

```
$ sudo ovs-ofctl dump-flows br0
```

que tráfico está pasando por cada puerto incluidas las VLANs. Con el siguiente comando podremos ser capaz de ver los flujos activos.

Tendrá que mostrar algo como lo que se ve en la *figura 35*:

Figura 35 *Inspección de Flujos*

El flujo que se ve aquí es el flujo predeterminado que maneja todo el tráfico a través de *“br0”*, con una acción normal ¿Qué quiere decir esto? Esto quiere decir, que OpenvSwitch está actuando como un switch tradicional, reenviando el tráfico de manera estándar.

También es posible añadir reglas personalizadas que etiqueten específicamente el tráfico de VLANs y poder ver cómo se maneja y también capturar los paquetes usando otras herramientas como se verá más adelante.

Ahora, se procederá a mostrar un ejemplo en donde se repasarán los conocimientos vistos hasta ahora, para esto, se crear aun bridge nuevo y se le agregara un puerto físico a la VLAN 10

Para esto primeramente se creará el nuevo *“bridge”* al cual se llamará *“br1”* con el comando visto anteriormente, pero haciéndole las

```
$ sudo ovs-vsctl add-br br1
```

modificaciones de acuerdo con lo que se requiere.

Ahora se procede a hacer las pruebas, para este caso se usarán interfaces virtuales en lugar de interfaces físicas, para simular el tráfico

```
$ sudo ip link add veth2 type veth peer name veth3
$ sudo ip link set veth2 up
$ sudo ip link set veth3 up
```

en diferentes VLANs.

Esto crea dos interfaces virtuales que actuaran como dos puertos conectados al bridge *"br1"*. Después se asignará las interfaces al nuevo

```
$ sudo ovs-vsctl add-port br1 veth2
$ sudo ovs-vsctl add-port br1 veth3
```

"bridge"

Ahora, se asignará *"veth2"* a la VLAN 10 con el siguiente comando.

```
$ sudo ovs-vsctl set port veth2 tag=10
```

Esto colocará a *"veth2"* en la VLAN 10, lo que significa que todo el tráfico que pase por *"veth2"* estará etiquetado con la VLAN mencionada anteriormente.

A continuación, se configurará *"veth3"* en modo "*trunk*", lo cual permitirá

```
$ sudo ovs-vsctl set port veth3 trunks=10,20
```

el tráfico de múltiples VLANs (Por ejemplo, de VLAN10 a VLAN20), esto se hará mediante el comando:

Con esto, se permitirá que *"veth3"* transporte el tráfico de ambas VLANs. Es posible que ambos extremos del par (Los veth) estén en el mismo bridge, pero esto es *opcional*, sin embargo, si se desea implementar se puede agregar al primer veth, el tag 10 y al segundo veth, el tag 20, como se muestra a continuación.

```
$ sudo ovs-vsctl add-port br1 veth2
$ sudo ovs-vsctl set port veth2 tag=10
$ sudo ovs-vsctl add-port br1 veth3
$ sudo ovs-vsctl set port veth3 tag=10
```

Después, se procede a verificar que las VLANs, estén configuradas

```
$ sudo ovs-vsctl show
```

correctamente con el comando:

Debería mostrar algo como lo que se observa en la *figura 36*:

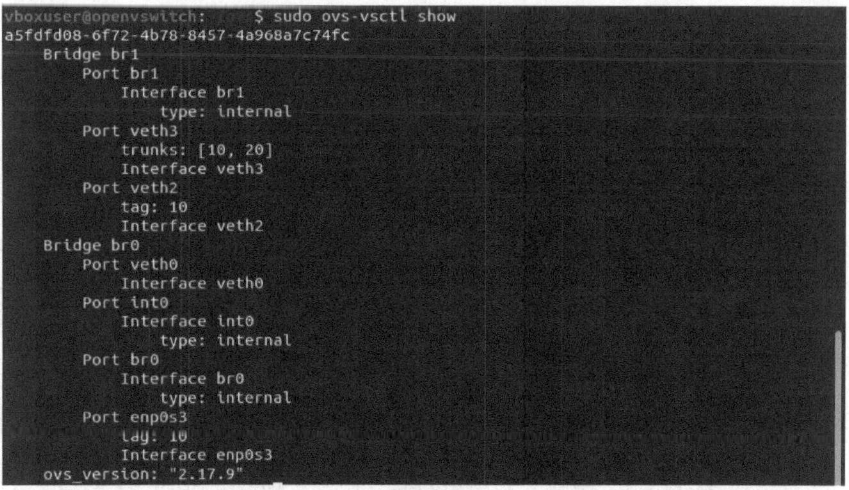

Figura 36 *Visualización de Bridge 2*

Aquí se debería ver que *"veth2"* está asignado a l VLAN 10 y *"veth3"* configurado como un puerto trunk que soporta las VLANs 10 y 20.

Por último, se hacen pruebas de conectividad para asegurarnos de que la configuración esté funcionando correctamente. Para esto, asignamos

```
$ sudo ip addr add 192.168.10.1/24 dev veth2
$ sudo ip addr add 192.168.20.1/24 dev veth3
```

la dirección "IP" a las interfaces virtuales escribiendo el siguiente comando:

Ahora, después de asignar las direcciones IP se prueba la conectividad entre ellas usando el *"ping"*, como están en diferentes VLANs, no

```
$ ping 192.168.20.1 -I veth2
```

deberían poder comunicarse entre sí sin una configuración adicional (Como un router entre VLANs).

Se tendrá que ver de la siguiente forma como se muestra en la *figura 37*:

***Figura 37** Prueba de Envió de Paquetes*

Este comando intentara hacer ping desde *veth2* a *veth3*. Si las VLANs están configuradas correctamente, el ping no debería tener éxito sin algún tipo de enrutamiento sobre VLANs.

TUNNELING GRE Y VXLAN

El tunneling con GRE (Generic Routing Encapsulation) es una técnica utilizada para encapsular un tipo de protocolo dentro de otro para transportar datos a través de una red, GRE es un protocolo de túnel que permite encapsular cualquier tipo de paquete de red (IPv4, IPv6, o incluso otros protocolos) dentro de un paquete GRE, que luego puede ser transmitido a través de una red IP.

¿Por qué usar GRE?

GRE, como se hablaba anteriormente, es una técnica utilizada para encapsular tipos de protocolos dentro de otro, en otras palabras, permite la interconexión de redes dispares o remotas. GRE es útil en situaciones donde se necesita transmitir tráfico privado de un punto a otro sobre una red pública, como internet, o cuando se necesita conectar diferentes redes a través de una infraestructura común.

Para demostrar mejor esto haremos un ejemplo.

Primero, se simulará que los dos extremos del túnel GRE están en dos hosts diferentes y para esto se usara *veth2* y *veth3* para representarlos.

Host 1 (Simulado por la interfaz VETH2)

```
$ sudo ovs-vsctl add-port br1 gre0 -- set interface gre0
type=gre options:remote_ip=192.168.20.1
```

Host 2 (Simulado por la interfaz VETH3)

```
$ sudo ovs-vsctl add-port br1 gre1 -- set interface gre1
type=gre options:remote_ip=192.168.10.1
```

Ahora después de haber creado los túneles GRE, se miran si están

```
$ sudo ovs-vsctl show
```

configurados correctamente con el comando:

Se tendrá que ver algo como lo que se ve en la *figura 38*

```
vboxuser@openvswitch:     $ sudo ovs-vsctl show
a5fdfd08-6f72-4b78-8457-4a968a7c74fc
    Bridge br1
        Port gre1
            Interface gre1
                type: gre
                options: {remote_ip="192.168.10.1"}
        Port br1
            Interface br1
                type: internal
        Port gre0
            Interface gre0
                type: gre
                options: {remote_ip="192.168.20.1"}
        Port veth3
            trunks: [10, 20]
            Interface veth3
        Port veth2
            tag: 10
            Interface veth2
    Bridge br0
        Port veth0
            Interface veth0
        Port int0
            Interface int0
                type: internal
        Port br0
            Interface br0
                type: internal
        Port enp0s3
            tag: 10
            Interface enp0s3
    ovs_version: "2.17.9"
```

Figura 38 *Visualización de Bridge 3*

Deberías ver *"gre0"* y *"gre1"* asociados al bridge *"br1"*, con las respectivas IPs remotas.

Tunneling VXLAN

VXLAN, es otra técnica que se conoce de tunneling que encapsula el tráfico Ethernet en un túnel. VXLAN soporta una mayor cantidad de VLANs, y es utilizado frecuentemente en entornos de nube.

Ahora, para abordar un poco mejor VXLAN, se hará un ejemplo empezando primero por la creación del túnel VXLAN, para esto se procede a replicar los procedimientos que se hicieron con GRE y es simular el túnel entre *veth2 veth2* y *veth3.*

Host 1 (Simulado por la interfaz VETH2)

```
$ sudo ovs-vsctl add-port br1 vxlan2 -- set interface
vxlan2 type=vxlan options:remote_ip=192.168.20.1
```

Host 2 (Simulado por la interfaz VETH3)

```
$ sudo ovs-vsctl add-port br1 vxlan3 -- set interface
vxlan3 type=vxlan options:remote_ip=192.168.10.1
```

Ahora, para comprobar que los túneles VXLAN están configurados

```
$ sudo ovs-vsctl show
```

correctamente se vuelve a utilizar el comando:

Al ingresar el comando se verá algo como lo que muestra la *figura 39.*

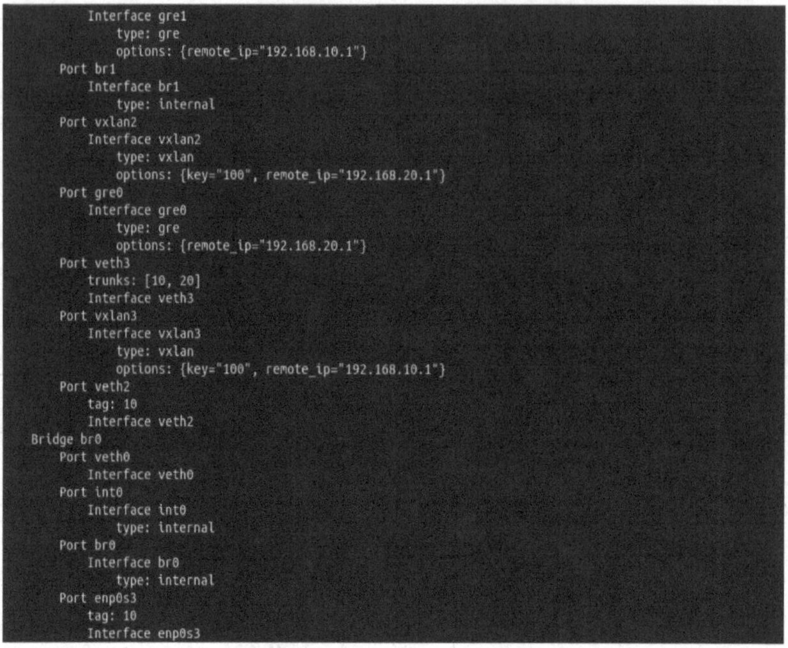

```
            Interface gre1
                type: gre
                options: {remote_ip="192.168.10.1"}
        Port br1
            Interface br1
                type: internal
        Port vxlan2
            Interface vxlan2
                type: vxlan
                options: {key="100", remote_ip="192.168.20.1"}
        Port gre0
            Interface gre0
                type: gre
                options: {remote_ip="192.168.20.1"}
        Port veth3
            trunks: [10, 20]
            Interface veth3
        Port vxlan3
            Interface vxlan3
                type: vxlan
                options: {key="100", remote_ip="192.168.10.1"}
        Port veth2
            tag: 10
            Interface veth2
    Bridge br0
        Port veth0
            Interface veth0
        Port int0
            Interface int0
                type: internal
        Port br0
            Interface br0
                type: internal
        Port enp0s3
            tag: 10
            Interface enp0s3
```

Figura 39 *Visualización de Bridge 4*

Se debería de ver los puertos *vxlan2* y *vxlan3* asociados al bridge *br1*, con las respectivas IPs remotas.

Ahora, después de haber hecho estas configuraciones, se tiene que asegurar de que dicha configuración está funcionando correctamente,

```
$ ping 192.168.20.1 -I veth2
```

para esto se puede comprobar la conectividad entre los puertos *veth2* y *veth3*. Para esto se usará el siguiente comando

Tendrá que mostrar algo como lo que se ve en la *figura 40*:

```
vboxuser@openvswitch: [illegible]$ ping 192.168.20.1 -I veth2
PING 192.168.20.1 (192.168.20.1) from 192.168.10.1 veth2: 56(84) bytes of data.


From 192.168.10.1 icmp_seq=4 Destination Host Unreachable
ping: sendmsg: No route to host
From 192.168.10.1 icmp_seq=5 Destination Host Unreachable
From 192.168.10.1 icmp_seq=6 Destination Host Unreachable
From 192.168.10.1 icmp_seq=14 Destination Host Unreachable
From 192.168.10.1 icmp_seq=15 Destination Host Unreachable
From 192.168.10.1 icmp_seq=16 Destination Host Unreachable
From 192.168.10.1 icmp_seq=17 Destination Host Unreachable
From 192.168.10.1 icmp_seq=18 Destination Host Unreachable
From 192.168.10.1 icmp_seq=19 Destination Host Unreachable
^C
--- 192.168.20.1 ping statistics ---
20 packets transmitted, 0 received, +9 errors, 100% packet loss, time 21891ms
pipe 4
```

Figura 40 *Prueba de Envió de Paquetes 2*

El comando que se observa en la *figura 40* intentara hacer ping desde *veth2* (VLAN 10) a *veth3* (VLAN 20). Si las VLANs están configuradas correctamente, el ping no deberia tener éxito sin algún tipo de enrutamiento entre las VLANs y se puede observar que, al estar en diferentes VLANs, no se pudieron comunicar entonces para esto si se requiere hacer la interacción es necesaria la configuración adicional como el router entre ellas.

CAPITULO 7

HERRAMIENTAS DE ADMINISTRACIÓN.

OpenvSwitch ofrece varias herramientas de administración que permiten configurar, gestionar y monitorear el comportamiento de los switches virtuales. Dentro de estas herramientas podemos encontrar varias y las principales que se utilizan se verán a continuación:

OVS-VSCTL:

Esta es la principal herramienta para configurar y administrar OpenvSwitch. Se utiliza para crear, modificar y eliminar bridges, puertos y configuraciones.

Anteriormente se vio esta herramienta en acción a la hora de hacer varias de las configuraciones que se vieron hasta ahora. Un uso simple

```
$ sudo ovs-vsctl add-br
```

de ella es la creación de un bridge lo cual se hizo mediante el comando:

Para este comando se crea un bridge, el cual es útil para establecer un switch virtual que actúa como un puente entre varias interfaces de red

```
$ sudo ovs-vsctl del-br
```

y también, así como se puede crear un bridge es posible eliminarlo y esto se hace mediante el siguiente comando:

Este comando elimina un bridge, el cual es útil cuando se necesita limpiar configuraciones o deshacerse de una estructura de red que fue previamente creada.

También es posible agregar un puerto al bridge, lo cual se puede hacer

```
$ sudo ovs-vsctl add-port
```

con el siguiente comando:

Este comando como permite añadir una interfaz a un puerto bridge, conectando la interfaz física a un entorno de red virtualizado y al igual

```
$ sudo ovs-vsctl add-port
```

que es posible agregarlo, también es posible eliminarlo y esto se puede hacer con el comando:

Este comando elimina una interfaz del bridge y desconecta la interfaz del entorno virtualizado sin afectar la configuración del puerto físico.

OVS-OFCTL

ovs-ofctl es otra herramienta clave en la gestión de OpenvSwitch, enfocada en administrar las tablas de flujo de OpenFlow. Permite añadir, modificar y eliminar flujos, así como inspeccionar el estado de estos.

Se vera a continuación cómo funciona esta herramienta. Para empezar,

```
$ sudo ovs-ofctl dump-flows br0
```

se escribirá el siguiente comando:

Este comando muestra todas las reglas de flujo activas en el bridge *"br0"*, la cual es una forma de comprobar cómo se está manejando el tráfico de red. Como se logra observar en la *figura 41.*

Figura 41 *Reglas de Flujo "br0"*

Ahora, también es posible añadir reglas mediante esta herramienta, se puede añadir cierta regla mediante el siguiente comando:

```
$ sudo ovs-ofctl add-flow br0 in_port=1,actions=output:2
```

Este comando, añade una regla que especifica que todo el tráfico entrante por el puerto 1 debe ser reenviado al puerto 2. Este tipo de reglas se utilizan para controlar el flujo de datos entre interfaces.

Mediante el comando escrito anteriormente se puede visualizar la nueva regla añadida en la *figura 42*.

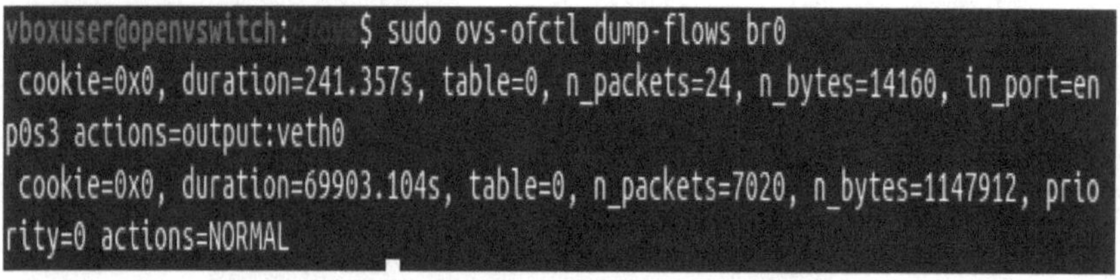

Figura 42 *Visualización de Reglas Añadidas*

Ahora, para entender estos resultados, es necesario interpretar las estadísticas que este comando proporciona.

1. Si el flujo tiene un alto número de paquetes y bytes como se puede apreciar en la segunda regla generada, esto da a entender que maneja un tráfico crítico.
2. Si ciertos flujos no tienen ningún tráfico, entonces es posible que las reglas de este flujo estén mal configuradas o que los dispositivos conectados no estén operando.

Con esto se podrá manejar una idea de la información que este nos arroja.

Por último, también es posible eliminar reglas creadas dentro de un

```
$ sudo ovs-ofctl del-flows br0
```

bridge con el siguiente comando:

Con este comando es necesario tener precaución ya que puede eliminar todas las reglas de flujo en un bridge y si se usa sin el debido cuidado puede que borre todas las configuraciones de flujo.

OVS-DPCTL

ovs-dpctl es otra de las herramientas que se pueden encontrar en OpenvSwitch, esta herramienta está orientada al manejo del datapath, que es la parte del Kernel responsable de procesar el tráfico de red. Es útil para obtener estadísticas detalladas y para la depuración de problemas relacionados con el rendimiento de los paquetes.

Ahora, para ver esta herramienta en acción simplemente basta con escribir el siguiente comando:

```
$ sudo ovs-dpctl show
```

Este comando muestra las estadísticas y el estado del datapath, lo cual es útil para evaluar el rendimiento y detectar posibles problemas en el procesamiento de paquetes. Algo de esto se puede evidenciar en la *figura 43*.

```
vboxuser@openvswitch:~/ovs$ sudo ovs-dpctl show
system@ovs-system:
  lookups: hit:126869401497 missed:6090 lost:0
  flows: 6
  masks: hit:265625328705 total:3 hit/pkt:2.09
  cache: hit:58555936875 hit-rate:46.15%
  caches:
    masks-cache: size:256
  port 0: ovs-system (internal)
  port 1: br0 (internal)
  port 2: enp0s3
  port 3: veth0
  port 4: int0 (internal)
  port 5: br1 (internal)
  port 6: veth2
  port 7: veth3
  port 8: gre_sys (gre: packet_type=ptap)
  port 9: vxlan_sys_4789 (vxlan: packet_type=ptap)
```

Figura 43 *Estadistica y Estado del Datapath*

MONITOREO Y DIAGNOSTICO DE PROBLEMAS.

El monitoreo constante de OpenvSwitch es crucial para garantizar que tu red virtual funcione de manera eficiente y sin interrupciones. A continuación, se describen métodos y herramientas para supervisar el rendimiento de la red y diagnosticar problemas.

Monitoreo básico con ovs-vsctl

Este es uno de los que se han visto anteriormente para obtener una visión general del estado de los bridges y puertos.

```
$ sudo ovs-vsctl show
```

Este comando, muestra la configuración actual, incluidos los bridges, puertos, y sus estados. Es bastante útil para verificar que todos los componentes de la red estén activos y correctamente configurados.

Esto se puede evidenciar en la *figura 44.*

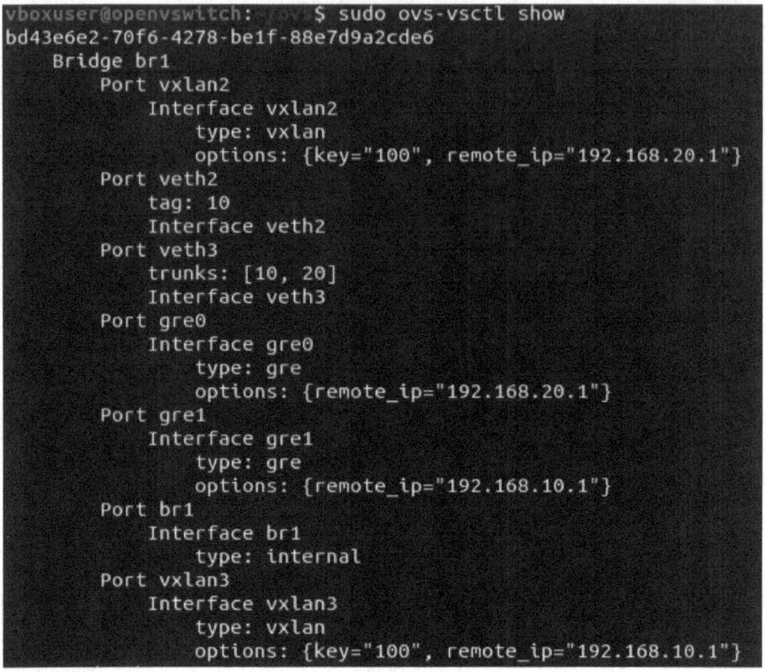

```
vboxuser@openvswitch:~/ovs$ sudo ovs-vsctl show
bd43e6e2-70f6-4278-be1f-88e7d9a2cde6
    Bridge br1
        Port vxlan2
            Interface vxlan2
                type: vxlan
                options: {key="100", remote_ip="192.168.20.1"}
        Port veth2
            tag: 10
            Interface veth2
        Port veth3
            trunks: [10, 20]
            Interface veth3
        Port gre0
            Interface gre0
                type: gre
                options: {remote_ip="192.168.20.1"}
        Port gre1
            Interface gre1
                type: gre
                options: {remote_ip="192.168.10.1"}
        Port br1
            Interface br1
                type: internal
        Port vxlan3
            Interface vxlan3
                type: vxlan
                options: {key="100", remote_ip="192.168.10.1"}
```

***Figura 44** Visualización de Bridge 5*

Monitoreo de flujos con ovs-ofctl

ovs-ofctl se puede utilizar para inspeccionar las reglas de flujo activas y las estadísticas relacionadas.

```
$ sudo ovs-ofctl dump-flows
```

Este comando, muestra las reglas de flujo en un determinado bridge y proporciona estadísticas de cuantos paquetes y bytes han coincidido con cada regla. Esto te permite identificar si un flujo especifico está manejando demasiado tráfico o si hay flujos no deseados afectando el rendimiento. Para esto se mostrará el comando interactuando con el bridge *"br0"* en la *figura 45*

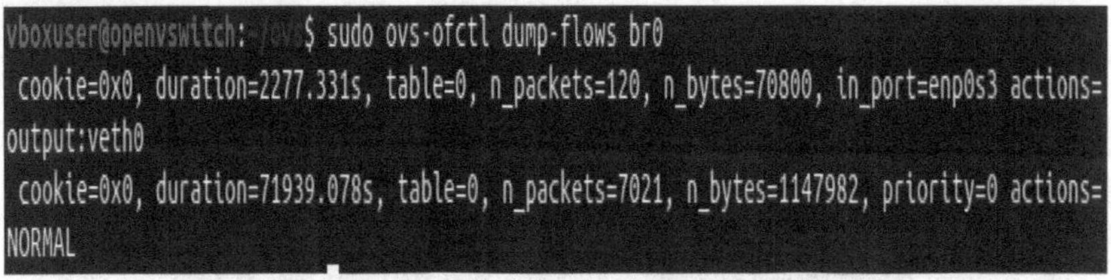

Figura 45 *Interacción con Bridge "br0"*

Como se puede observar, este comando muestra las reglas que se pudieron observar anteriormente, las cuales son dos y cuya información para entenderlas, anteriormente fue suministrada.

Captura de tráfico con tcpdump

tpcdump es una herramienta de análisis de paquetes que te permite capturar y analizar el tráfico que pasa por un bridge o una interfaz especifica.

Para entender mejor esto, se hará una prueba con el siguiente comando:

```
$ sudo tcpdump -i br0
```

Este comando capturara todo el tráfico que pasa por el bridge *"br0"*, lo cual es útil para observar los paquetes en tiempo real y detectar posibles problemas, como tráfico incoporado o paquetes mal formateados. Se puede ver un poco de su funcionamiento en la *figura 46.*

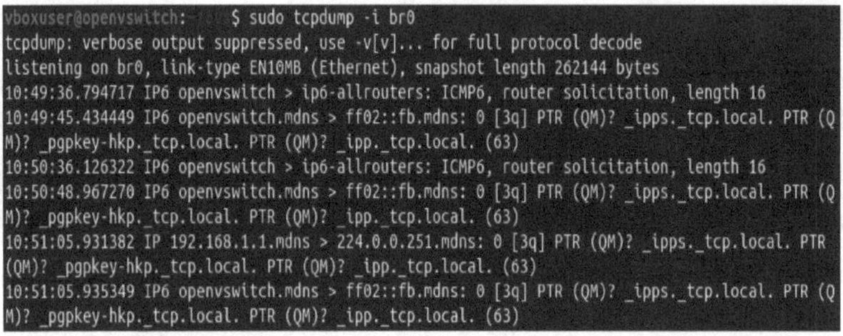

Figura 46 *Captura y Visualización de Trafico en Bridge "br0"*

Si surge algún problema en el uso de este comando, puede que se deba a que la interfaz *"br0"* en el momento no este activa o habilitada.

Para solucionar esto, es necesario ejecutar los siguientes comandos para verificar y activar la interfaz. Primero se verificará los detalles de la

```
$ sudo ip link show br0
```

interfaz con el siguiente comando:

Esto mostrará detalles sobre la interfaz *"br0"*, incluido si está activa (UP) o inactiva (DOWN).

En caso tal aparezca inactiva, se escribirá el siguiente comando:

```
$ sudo ip link set br0 up
```

Este comando activara la interfaz *"br0"*, lo que debería permitir que *"tcpdump"* funcione correctamente.

Logging en OpenvSwitch

El registro de eventos (logging) y el análisis del rendimiento son componentes esenciales para mantener la estabilidad y eficiencia de una red gestionada por OpenvSwitch. A través de un logging adecuado, es posible identificar problemas, optimizar el rendimiento y garantizar que la red opere de manera óptima.

El logging en OpenvSwitch permite:

- **Detección temprana de problemas**: Identificar errores, advertencias y eventos inusuales en tiempo real.
- **Auditoría y cumplimiento**: Mantener registros de eventos para cumplir con políticas de seguridad y auditorías.
- **Optimización del rendimiento**: Analizar patrones de tráfico y uso de recursos para mejorar la eficiencia.
- **Depuración**: Facilitar la resolución de problemas al proporcionar información detallada sobre el comportamiento del sistema.

OpenvSwitch utiliza *"ovs-vswitchd"* para el logging, y proporciona varias opciones para configurar los niveles y destinos de los logs.

Ahora, OpenvSwitch tiene la capacidad de soportar varios niveles de logging, que determinan la cantidad y tipo de información registrada:

- **EMER**: Emergencia, el nivel más crítico.
- **ERR**: Errores que requieren atención inmediata.
- **WARN**: Advertencias sobre posibles problemas.
- **INFO**: Información general sobre el funcionamiento.
- **DBG**: Debug, nivel más detallado para depuración.

Para empezar con la configuración básica del Logging, se escribira el

```
$ sudo ovs-appctl vlog/list
```

siguiente comando:

Este comando muestra los niveles de logging actuales para cada módulo de OpenvSwitch como se puede ver en la *figura 47*.

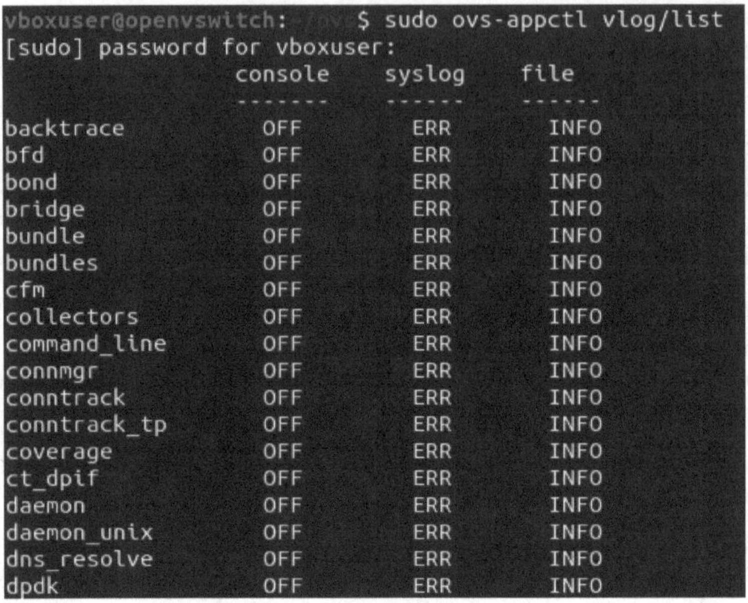

```
vboxuser@openvswitch:~/ovs$ sudo ovs-appctl vlog/list
[sudo] password for vboxuser:
                 console    syslog    file
                 -------    ------    ------
backtrace          OFF        ERR       INFO
bfd                OFF        ERR       INFO
bond               OFF        ERR       INFO
bridge             OFF        ERR       INFO
bundle             OFF        ERR       INFO
bundles            OFF        ERR       INFO
cfm                OFF        ERR       INFO
collectors         OFF        ERR       INFO
command_line       OFF        ERR       INFO
connmgr            OFF        ERR       INFO
conntrack          OFF        ERR       INFO
conntrack_tp       OFF        ERR       INFO
coverage           OFF        ERR       INFO
ct_dpif            OFF        ERR       INFO
daemon             OFF        ERR       INFO
daemon_unix        OFF        ERR       INFO
dns_resolve        OFF        ERR       INFO
dpdk               OFF        ERR       INFO
```

Figura 47 *Visualización de Niveles de Logging*

Es posible también cambiar el nivel de logging y esto se puede hacer

```
$ sudo ovs-appctl vlog/set [module]:[destination]:[level]
```

con el siguiente comando:

Este comando es una base de cómo se tendría que escribir para cambiar el nivel de logging, ahora para darle un poco de uso se

```
$ sudo ovs-appctl vlog/set ANY:file:DBG
```

modificara para configurar todos los módulos para registrar a archivo (File) en nivel debug como se vera en la *figura 48.*

```
backtrace          OFF        ERR        DBG
bfd                OFF        ERR        DBG
bond               OFF        ERR        DBG
bridge             OFF        ERR        DBG
bundle             OFF        ERR        DBG
bundles            OFF        ERR        DBG
cfm                OFF        ERR        DBG
collectors         OFF        ERR        DBG
command_line       OFF        ERR        DBG
connmgr            OFF        ERR        DBG
conntrack          OFF        ERR        DBG
conntrack_tp       OFF        ERR        DBG
coverage           OFF        ERR        DBG
ct_dpif            OFF        ERR        DBG
daemon             OFF        ERR        DBG
daemon_unix        OFF        ERR        DBG
dns_resolve        OFF        ERR        DBG
dpdk               OFF        ERR        DBG
dpif               OFF        ERR        DBG
```

Figura 48 *Visualización de Niveles de Logging (Modificación de nivel debug)*

Ahora, los logging tienen varios destinos, entre ellos podemos encontrar los siguientes:

- **Archivo**: Los logs se guardan en archivos ubicados en */var/log/openvswitch/*.
- **Syslog**: Se envían al sistema de logging del sistema operativo.
- **Consola**: Se muestran en la consola (útil para depuración en tiempo real)

Para explicar mejor esto, llevémoslo a un ejemplo práctico y para esto

```
$ sudo ovs-appctl vlog/set ANY:syslog:INFO
```

se escribira el siguiente comando:

Con este comando se establece nivel "INFO" para todos los módulos en syslog y esto se puede comprobar con el comando:

```
$ sudo ovs-appctl vlog/list
```

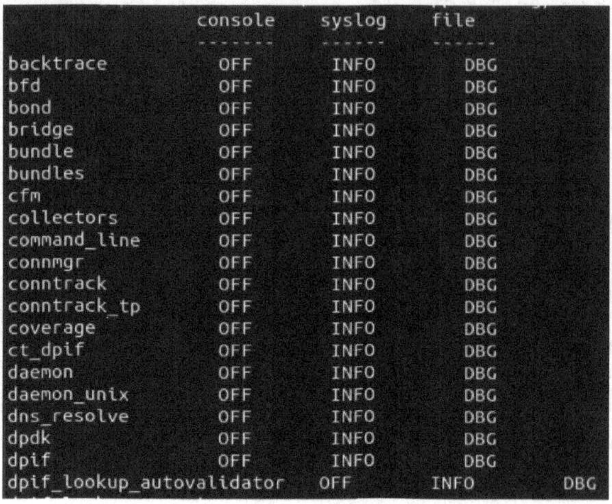

	console	syslog	file
	-------	------	------
backtrace	OFF	INFO	DBG
bfd	OFF	INFO	DBG
bond	OFF	INFO	DBG
bridge	OFF	INFO	DBG
bundle	OFF	INFO	DBG
bundles	OFF	INFO	DBG
cfm	OFF	INFO	DBG
collectors	OFF	INFO	DBG
command_line	OFF	INFO	DBG
connmgr	OFF	INFO	DBG
conntrack	OFF	INFO	DBG
conntrack_tp	OFF	INFO	DBG
coverage	OFF	INFO	DBG
ct_dpif	OFF	INFO	DBG
daemon	OFF	INFO	DBG
daemon_unix	OFF	INFO	DBG
dns_resolve	OFF	INFO	DBG
dpdk	OFF	INFO	DBG
dpif	OFF	INFO	DBG
dpif_lookup_autovalidator	OFF	INFO	DBG

***Figura 49** Establecimiento del nivel "INFO"*

Como se puede observar en la *figura 49*, en la parte de *"syslog"*, todos los archivos que estaban *"ERR"*, pasaron a ser *"INFO"*.

Después de esto, se procede a configurar el nivel *"WARN"* para el módulo *"ofproto"* en archivo, para esto se procede a escribir el siguiente

```
$ sudo ovs-appctl vlog/set ofproto:file:WARN
```

comando

***Figura 50** Configuración del nivel "WARN"*

Como se ve en la *figura 50*, el módulo *"ofproto"* fue configurado con el nivel *"WARN",* con el fin de que, si sucede algún problema en este módulo, este arroje una advertencia sobre estos posibles problemas.

Por último, se restablecerán las configuraciones de logging al valor

```
$ sudo ovs-appctl vlog/set ANY
```

predeterminado con el siguiente comando:

Con esto, se ha visto varios de los niveles que tiene el logging y sus distintos destinos y es posible monitorearlos, es decir, verlos en tiempo

```
$ sudo tail -f /var/log/openvswitch/ovs-vswitched.log
```

real. Para esto se ingresará el siguiente comando:

Con esto, tendrás la posibilidad de observar eventos a medida que ocurren, facilitando la detección de problemas de manera inmediata. Un uso de este se puede ver en la *figura 51.*

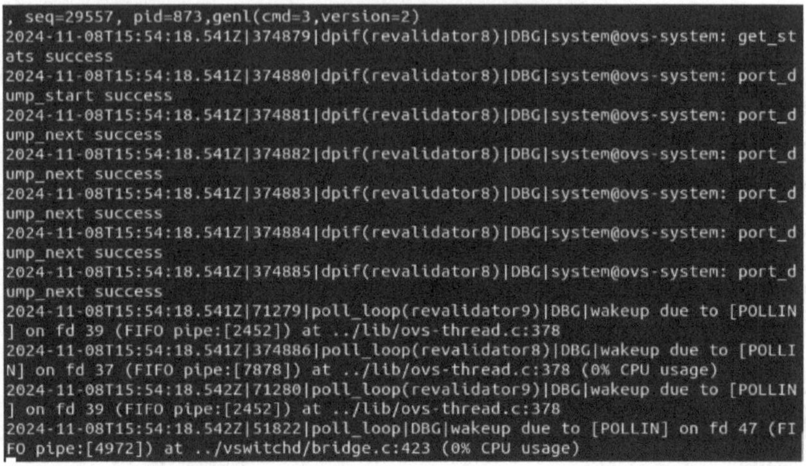

```
, seq=29557, pid=873,genl(cmd=3,version=2)
2024-11-08T15:54:18.541Z|374879|dpif(revalidator8)|DBG|system@ovs-system: get_st
ats success
2024-11-08T15:54:18.541Z|374880|dpif(revalidator8)|DBG|system@ovs-system: port_d
ump_start success
2024-11-08T15:54:18.541Z|374881|dpif(revalidator8)|DBG|system@ovs-system: port_d
ump_next success
2024-11-08T15:54:18.541Z|374882|dpif(revalidator8)|DBG|system@ovs-system: port_d
ump_next success
2024-11-08T15:54:18.541Z|374883|dpif(revalidator8)|DBG|system@ovs-system: port_d
ump_next success
2024-11-08T15:54:18.541Z|374884|dpif(revalidator8)|DBG|system@ovs-system: port_d
ump_next success
2024-11-08T15:54:18.541Z|374885|dpif(revalidator8)|DBG|system@ovs-system: port_d
ump_next success
2024-11-08T15:54:18.541Z|71279|poll_loop(revalidator9)|DBG|wakeup due to [POLLIN
] on fd 39 (FIFO pipe:[2452]) at ../lib/ovs-thread.c:378
2024-11-08T15:54:18.541Z|374886|poll_loop(revalidator8)|DBG|wakeup due to [POLLI
N] on fd 37 (FIFO pipe:[7878]) at ../lib/ovs-thread.c:378 (0% CPU usage)
2024-11-08T15:54:18.542Z|71280|poll_loop(revalidator9)|DBG|wakeup due to [POLLIN
] on fd 39 (FIFO pipe:[2452]) at ../lib/ovs-thread.c:378
2024-11-08T15:54:18.542Z|51822|poll_loop|DBG|wakeup due to [POLLIN] on fd 47 (FI
FO pipe:[4972]) at ../vswitchd/bridge.c:423 (0% CPU usage)
```

Figura 51 *Visualización de Eventos en Tiempo Real*

Incluso, es posible buscar términos en específicos, para demostrarlo

```
$ sudo tail -f /var/log/openvswitch/ovs-vswitched.log |
```

mejor se hará una prueba con el siguiente comando:

```
last 0 seconds (most recently, 0 seconds ago) due to excessive rate
2024-11-08T16:05:55.709Z|385353|dpif(revalidator8)|DBG|system@ovs-system: get_st
ats success
2024-11-08T16:05:55.709Z|385354|dpif(revalidator8)|DBG|system@ovs-system: port_d
ump_start success
2024-11-08T16:05:55.709Z|385355|dpif(revalidator8)|DBG|system@ovs-system: port_d
ump_next success
2024-11-08T16:05:55.709Z|385356|dpif(revalidator8)|DBG|system@ovs-system: port_d
ump_next success
2024-11-08T16:05:55.709Z|385357|dpif(revalidator8)|DBG|system@ovs-system: port_d
ump_next success
2024-11-08T16:05:55.709Z|385358|dpif(revalidator8)|DBG|system@ovs-system: port_d
ump_next success
2024-11-08T16:05:55.710Z|385359|dpif(revalidator8)|DBG|system@ovs-system: port_d
ump_next success
2024-11-08T16:05:55.710Z|73301|poll_loop(revalidator9)|DBG|wakeup due to [POLLIN
] on fd 39 (FIFO pipe:[2452]) at ../lib/ovs-thread.c:378 (0% CPU usage)
2024-11-08T16:05:55.711Z|385360|poll_loop(revalidator8)|DBG|wakeup due to [POLLI
N] on fd 37 (FIFO pipe:[7878]) at ../lib/ovs-thread.c:378 (0% CPU usage)
2024-11-08T16:05:55.712Z|53251|poll_loop|DBG|wakeup due to [POLLIN] on fd 47 (FI
FO pipe:[4972]) at ../vswitchd/bridge.c:423 (0% CPU usage)
```

Figura 52 *Visualización de Eventos en Tiempo Real Mediante Filtros*

De este modo como se observa en la *figura 52* es posible filtrar los niveles de logging mientras se monitorea en tiempo real y también es posible usarlos con "*EMER*", "*ERR*", "*WARN*" *y* "*INFO*", con esto se obtiene una mejor manera de identificarlos.

CAPITULO 8

AUTOMATIZACIÓN DE TAREAS CON SCRIPTS

La automatización es clave para gestionar redes virtuales de manera eficiente, especialmente en entornos grandes o dinámicos. OpenvSwitch permite la automatización de tareas mediante scripts que pueden facilitar la administración, configuración y monitoreo.

Automatización de Tareas con Scripts.

Automatizar tareas en OpenvSwitch reduce el tiempo y esfuerzo necesario para la administración de red. Algunas tareas que se pueden automatizar incluyen:

- Creación y configuración de bridges y puertos: Añadir o eliminar bridges y puertos de manera dinámica.
- Gestión de reglas de flujo: Automatizar la configuración de flujos para controlar el tráfico.
- Monitoreo y generación de alertas: Supervisar el rendimiento y notificar si ocurre un problema.
- Optimización de rendimiento: Ajustar la configuración de OpenvSwitch de acuerdo con los patrones de uso de la red.

USO DE LENGUAJES DE SCRIPTING (PYTHON, BASH).

Existen varios lenguajes que puedes usar para escribir scripts para OpenvSwitch, pero Bash y Python son de los más populares debido a su simplicidad y versatilidad.

Scripts en Bash

Bash es ideal para automatizar tareas simples y para manipular directamente los comandos de OpenvSwitch (ovs-vsctl, ovs-ofctl, etc.). Es útil para tareas como la configuración de bridges y puertos, y la recopilación de estadísticas.

Ejemplo de Script en Bash

Anteriormente se vio cómo es posible crear un bridge y configurar una regla de flujo básica en ella mediante *"ovs-vsctl"*, pero también es posible crearlo mediante Script en Bash

Ahora, para poder hacer esto, es necesario primero saber hacer uso de esto y para ello se hará lo siguiente.

1. En la terminal se escribirá el siguiente comando:

```
$ nano "Nombre_del_script".sh
```

   En este caso el archivo se llamará *"prueba.sh"*, lo cual creará un nuevo archivo de script con dicho nombre.

2. Después de escribir el comando, nos enviará dentro del

```
#!/bin/bash
```

   archivo en donde se escribirá la siguiente línea:

   Esta línea, le indicara al sistema que use *"Bash"* para ejecutar dicho script que se está creando.

3. Luego, se escribirán los comandos que se desean ejecutar en el script. Como, por ejemplo:

```
    echo "Hola, este es mi primer script en
Bash."
  # Crear un bridge de ejemplo en OpenvSwitch
   BRIDGE_NAME="br3"
   sudo ovs-vsctl add-br $BRIDGE_NAME
   echo "Bridge $BRIDGE_NAME ha sido creado."
```

Después de hacer esto se tendrá que ver algo similar a lo que se observa en la *figura 53*.

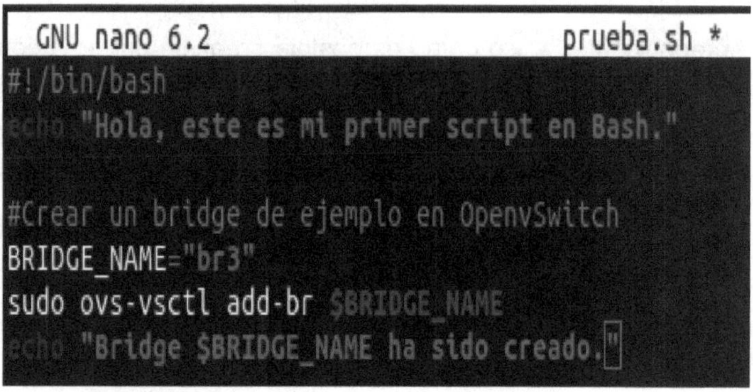

Figura 53 *Visualización de Script en Bash*

4. Después de esto, se guarda el archivo con los siguientes

```
$ ctl + o
```

comandos

Luego, *"Enter"* y posteriormente se escribe el siguiente para

```
$ ctl + x
```

salir del archivo creado en *nano.*

Antes de poder ejecutar el script, se necesita darle permisos de ejecución. Para esto se usará el comando *"chmod"* para hacerlo es

```
$ chmod +x prueba.sh
```

necesario escribir el siguiente comando:

Por último, queda nada más ejecutar el script. Para hacerlo es necesario usar "./" seguido del nombre del archivo como se muestra a

```
$ ./prueba.sh
```

continuación:

Si todo hizo de manera correcta, al ejecutar el script les mostrara lo que se evidencia en la *figura 54*.

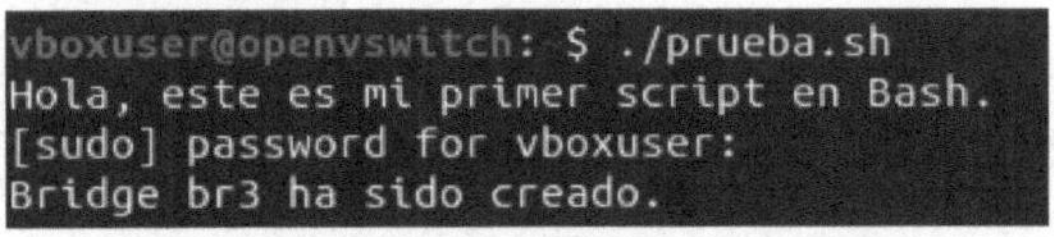

Figura 54 *Respuesta de Ejecución de Script*

Para comprobar que esto es así, se escribirá el comando con el que se visualizan los bridge e interfaces y tendrá que mostrar el nuevo bridge creado como se observa en la *figura 55.*

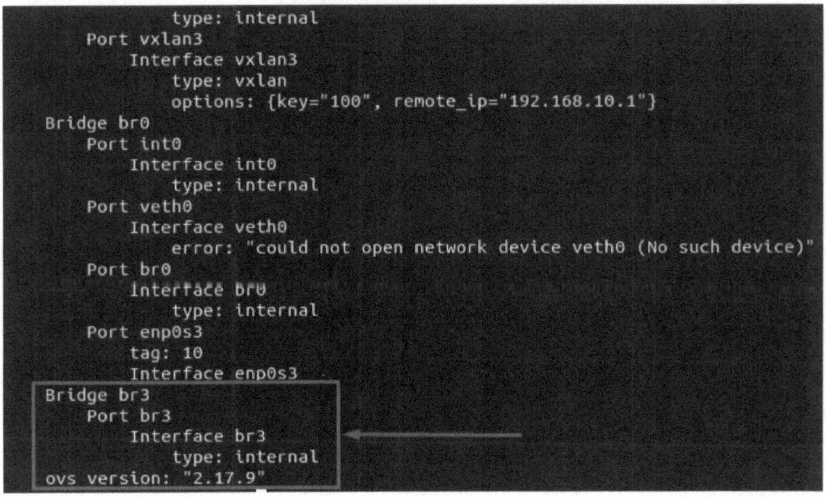

Figura 55 *Visualización de Bridge 6*

Ejemplo de Script en Bash: Monitoreo de Estadísticas de Puertos

Ahora, ya que se ha aprendido a usar *"Bash"* se procederá a crear un script que recopile estadísticas de puertos y las guarde en un archivo

```
$ nano estadisticas.sh
```

log. Para esto primero se creará el archivo con el siguiente comando:

Una vez creado el archivo se procede a escribir lo siguiente dentro de

```
#!/bin/bash

# Directorio de logs
LOG_DIR="$HOME/var/log/ovs"
mkdir -p $LOG_DIR

#Archivo de Log
LOG_FILE="$LOG_DIR/estadisticas_puertos.log"

#Recopilar estadísticas de puertos cada 5 minutos
while true; do
 echo "[$(date)] Port Statistics:" >> $LOG_FILE
 sudo ovs-ofctl dump-ports br3 >> $LOG_FILE
 echo "-----------------------------" >> $LOG_FILE
 sleep 300
 done
```

él.

Se tendría que ver como se muestra en la *figura 56* dentro del archivo creado.

```
  GNU nano 6.2                      estadisticas.sh
#!/bin/bash

# Directorio de logs
LOG_DIR="$HOME/var/log/ovs"
mkdir -p $LOG_DIR

# Archivo de Log
LOG_FILE="$LOG_DIR/estadisticas_puertos.log"

# Recopilar estadisticas de puertos cada 5 minutos
while true; do
        echo "[$(date)] Port Statistics:" >> $LOG_FILE
        sudo ovs-ofctl dump-ports br3 >> $LOG_FILE
        echo "------------------------------" >> $LOG_FILE
        sleep 300
done
```

Figura 56 *Visualización de Script en Bash 2*

Este script es útil si se desea mantener un historial de estadísticas de puertos.

Después de esto, se procede a guardar el archivo y se le otorgan permisos al archivo para que el script sea ejecutable, esto se hará con

```
$ sudo chmod +x estadisticas.sh
```

el siguiente comando:

Después se procede a ejecutar, el archivo.

Para esta parte de la ejecución se puede hacer de dos formas. La primera la cual es la convencional sirve para que el archivo se ejecute

```
$ ./estadisticas.sh
```

mientras la terminal esta abierta, lo cual se hace con el siguiente comando:

La segunda opción permite ejecutar el script en segundo plano para que siga corriendo indefinidamente, esto permitirá que no sea necesario

```
$ ./estadisticas.sh &
```

tener la terminal abierta para que el archivo siga corriendo esto se hace con el siguiente comando:

Si les llega a denegar los permisos pueden ejecutar el comando como

```
$ sudo ./estadisticas.sh
```

super usuario, aquí se ve un ejemplo de ejecución de manera ocasional con *"sudo"*

Después de esto, pueden verificar la información que se envía en el archivo log creado *"estadisticas_puertos.log"*, en una nueva terminal

```
$ tail -f /var/log/ovs/port_stats.log
```

con el siguiente comando:

Se vera algo parecido a lo que muestra la *figura 57*.

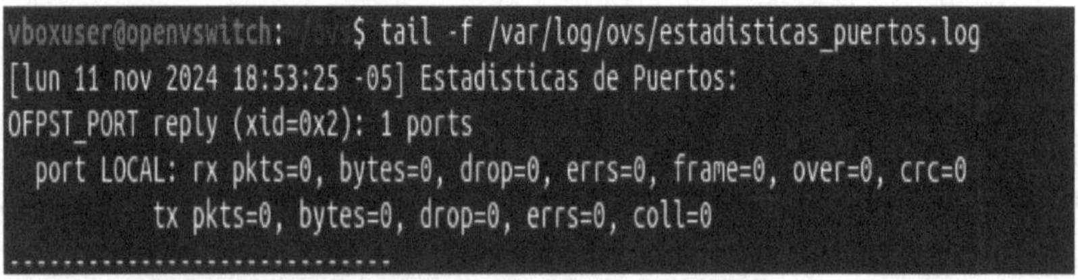

Figura 57 *Visualización del Archivo "estadisticas_puertos.log"*

Este script recopilara mientras este activo las estadísticas de los puertos en *"br3"* cada 5 minutos (300 segundos).

Ahora si se desea detener dicho script porque se ejecutó en segundo plano, se puede buscar su proceso y terminarlo, en caso contrario lo ejecutaron de manera convencional simplemente basta con cerrar la

```
$ ps aux | grep estadisticas.sh
```

terminal donde se ejecutó. Para buscar su proceso se escribirá el siguiente comando:

Esto mostrara el ID del proceso *"PID"* del script como se ve en la *figura 58*:

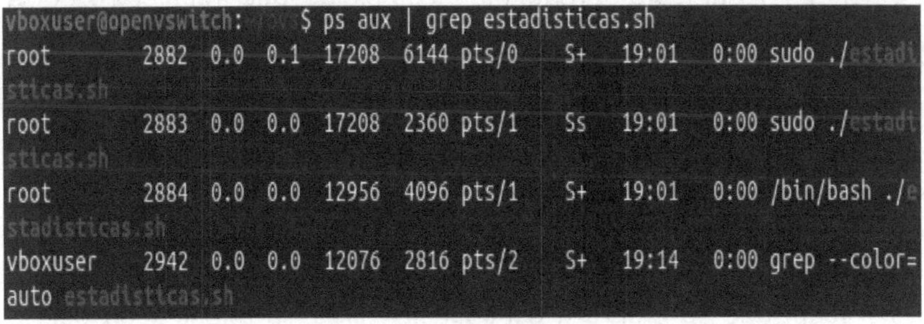

Figura 58 *Búsqueda de procesos*

Después, se usará el siguiente comando para terminar el proceso:

```
$ kill [PID]
```

El *"PID"* se reemplazará con el número del proceso, en este caso se cerrará todos los que tengan permisos elevados (Aparezcan con *"root"*).

```
$ sudo kill 2882 2883 2884
```

De esta forma, una vez finalizado los procesos al volver a buscar los procesos ya no mostraran los eliminados como se puede ver en la *figura 59.*

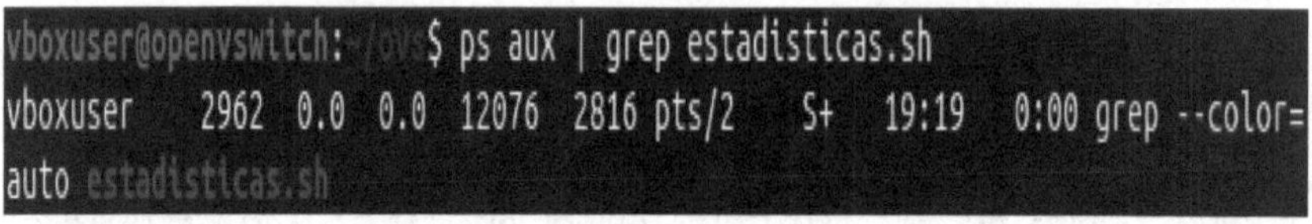

Figura 59 *Búsqueda de procesos 2*

Scripts en Python

Python es ideal para tareas más complejas que requieren lógica adicional o integración con otros sistemas. La biblioteca "*subprocess*" permite ejecutar comandos de OpenvSwitch desde Python.

Ahora se verán algunos ejemplos de Script en Python que ayuden a contemplar mejor su versatilidad y funcionalidad en hacer uso de él dentro de OpenvSwitch

Ejemplo de Script en Python: Creación de Bridges y Puertos

Este script que se creara a continuación crea un bridge y un puerto usando Python haciendo uso de la biblioteca *"subprocess"*

Para esto, primero se creará el script el cual se llamará

```
$ sudo nano bridges_puertos.py
```

"bridges_puertos.py"

Luego, se procede a escribir lo siguiente dentro del archivo.

```
#!/usr/bin/python3

import subprocess

def create_bridge(nombre_bridge):
    subprocess.run(["sudo", "ovs-vsctl", "add-br",
nombre_bridge])
    print(f"Bridge {nombre_bridge} creado")

def add_port(nombre_bridge, nombre_puerto):
    subprocess.run(["sudo", "ovs-vsctl", "add-port",
    nombre_bridge, nombre_puerto]) print(f"Puerto
    {nombre_puerto} añadido a {nombre_bridge}.")

# Crear un bridge y un puerto
create_bridge("br4")
add_port("br4", "eth4")
```

Después de esto, se procede a guardar el archivo y se le otorgan permisos al archivo para que el script sea ejecutable, esto se hará con

```
$ sudo chmod +x bridges_puertos.py
```

el siguiente comando:

Después se procede a ejecutar, el archivo.

```
$ sudo ./bridges_puertos.py
```

Después de ejecutar el archivo tiene que arrojar lo que se puede observar en la *figura 60*:

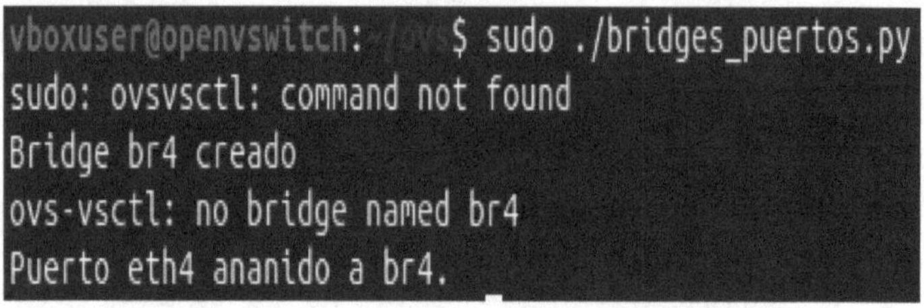

Figura 60 *Ejecución de Archivo "bridges_puertos.py"*

Con esto, se habrá creado a través de un script de Python un *"bridge"* y un puerto *"eth4"* el cual se añade posteriormente al *"bridge"*

Ejemplo de Script en Python: Monitoreo y Alerta de Uso de Puertos.

A continuación, se creará un script que monitoree el tráfico de un puerto y envía una alerta si el tráfico supera un umbral determinado.

Para esto, primero se creará el script el cual se llamará *"monitoreo.py"*

```
$ sudo nano monitoreo.py
```

Luego, se procede a escribir lo siguiente dentro del archivo.

```
#!/usr/bin/python3

import subprocess
import time

# Umbral de tráfico en bytes
TRAFFIC_THRESHOLD = 1000

def get_port_traffic(port):
  result = subprocess.run(["sudo", "ovs-ofctl", "dump-ports",
"br0"],
                    capture_output=True, text=True)
  for line in result.stdout.splitlines():
        if port in line:
              fields = line.split(',')
              traffic = int(fields[1].split('=')[1])  #
Obtiene el tráfico en bytes
              return traffic
  return 0

def monitor_port(port):
  while True:
     traffic = get_port_traffic(port)
     if traffic > TRAFFIC_THRESHOLD:
          print(f"ALERTA: Tráfico en {port} excede el umbral
          de {TRAFFIC_THRESHOLD} bytes.")
     time.sleep(60)

# Monitorear el puerto 1 en el bridge br0
monitor_port("1")
```

Se tendrá que ver dentro del archivo como se muestra en la *figura 61*.

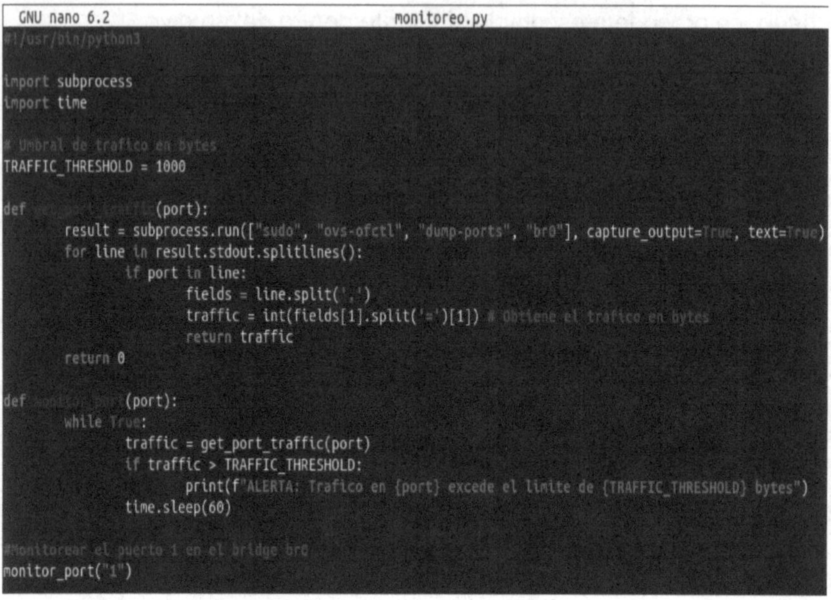

Figura 61 *Visualización de Script en Bash 3*

Este script verificara el tráfico a cada minuto y emitirá una alerta en la consola siempre y cuando el tráfico supere el umbral

Después de esto, se procede a guardar el archivo y se le otorgan permisos al archivo para que el script sea ejecutable, esto se hará con

```
$ sudo chmod +x monitoreo.py
```

el siguiente comando:

Después se procede a ejecutar, el archivo.

```
$ sudo ./monitoreo.py
```

Ahora, después de ejecutar el archivo, se procederá a probar el script, para esto se enviará tráfico manualmente usando la herramienta *"ping"* para enviar tráfico hacia el puerto monitoreado en el bridge.

Pero primero sera necesario averiguar la IP al puerto al cual se le hará *"ping"*, para esto sera necesario listar los puertos que estén dentro del

```
$ sudo ovs-vsctl list-ports br0
```

"bridge", esto con el fin de saber cuál es el puerto que se le averiguara la IP. Esto se hará con el siguiente comando:

Después de escribir el comando, se le arrojara los puertos que estén en el "bridge" como se muestra en la *figura 62*:

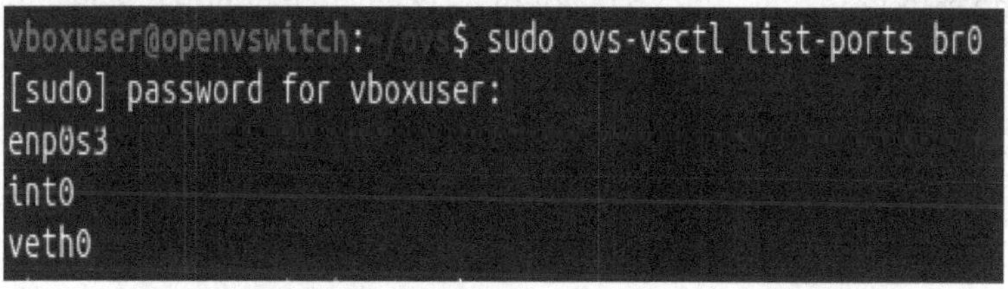

Figura 62 *Listado de Puertos*

Como se acabó de ver en la imagen, aparecen varios puertos listados y

```
$ ip addr show enp0s3
```

para esta ocasión se averiguará la IP del puerto *"enp0s3"*. Esto se hará con el siguiente comando:

```
vboxuser@openvswitch:~/ovs$ ip addr show enp0s3
2: enp0s3: <BROADCAST,MULTICAST,UP,LOWER_UP> mtu 1500 qdisc fq_codel master ovs-sy
stem state UP group default qlen 1000
    link/ether 08:00:27:7f:73:76 brd ff:ff:ff:ff:ff:ff
    inet 10.0.2.15/24 brd 10.0.2.255 scope global dynamic noprefixroute enp0s3
       valid_lft 70109sec preferred_lft 70109sec
    inet6 fe80::2a8c:3e91:1cb3:17e8/64 scope link noprefixroute
       valid_lft forever preferred_lft forever
```

Figura 63 *Visualización del Puerto "enpOs3"*

Como se puede observar en la *figura 63* la salida muestra que la interfaz enp0s3 tiene asignada la dirección IP *"10.0.2.15/24"*.

Ahora, se procederá a hacer *"ping"* a la IP del puerto *"enpOs3"* en otra

```
$ ping -i 0.2 -s 1000 10.0.2.15
```

terminal con el siguiente comando:

Se podrá observar en la *figura 64* como se empieza a ejecutar el comando.

```
vboxuser@openvswitch:~/ovs$ ping -i 0.2 -s 1000 10.0.2.15
PING 10.0.2.15 (10.0.2.15) 1000(1028) bytes of data.
1008 bytes from 10.0.2.15: icmp_seq=1 ttl=64 time=0.036 ms
1008 bytes from 10.0.2.15: icmp_seq=2 ttl=64 time=0.297 ms
1008 bytes from 10.0.2.15: icmp_seq=3 ttl=64 time=0.028 ms
1008 bytes from 10.0.2.15: icmp_seq=4 ttl=64 time=0.027 ms
1008 bytes from 10.0.2.15: icmp_seq=5 ttl=64 time=0.027 ms
1008 bytes from 10.0.2.15: icmp_seq=6 ttl=64 time=0.034 ms
1008 bytes from 10.0.2.15: icmp_seq=7 ttl=64 time=0.029 ms
1008 bytes from 10.0.2.15: icmp_seq=8 ttl=64 time=0.034 ms
1008 bytes from 10.0.2.15: icmp_seq=9 ttl=64 time=0.035 ms
1008 bytes from 10.0.2.15: icmp_seq=10 ttl=64 time=0.040 ms
```

Figura 64 *Prueba de Envió de Paquetes 3*

Una vez enviado el *"ping"*, si se regresa a la terminal donde el script está ejecutando se podrá ver el siguiente resultado que se observa en la *figura 65*:

```
vboxuser@openvswitch:~/ovs$ sudo ./monitoreo.py
ALERTA: Trafico en 1 excede el limite de 1000 bytes
ALERTA: Trafico en 1 excede el limite de 1000 bytes
ALERTA: Trafico en 1 excede el limite de 1000 bytes
ALERTA: Trafico en 1 excede el limite de 1000 bytes
ALERTA: Trafico en 1 excede el limite de 1000 bytes
ALERTA: Trafico en 1 excede el limite de 1000 bytes
ALERTA: Trafico en 1 excede el limite de 1000 bytes
ALERTA: Trafico en 1 excede el limite de 1000 bytes
```

Figura 65 *Ejecución de archivo "monitoreo.py"*

Para detener el script basta con escribir *"control + c"*, lo cual hará que deje de escuchar y arrojar la alerta. Con esto, se acaba de comprobar que el script funciona adecuadamente.

EJEMPLOS DE SCRIPTS ÚTILES

Así como se acabó de ver anteriormente, los scripts permiten mejorar la eficiencia de tareas repetitivas dentro de OpenvSwitch, de esta forma se ahorra tiempo y esfuerzo y le ofrece mayor versatilidad a la hora de crear redes virtuales.

También existen otros ejemplos adicionales de scripts que pueden ser útiles para la administración de OpenvSwitch.

Script para Reiniciar OpenvSwitch Automáticamente

Este script sirve si detectas problemas en OpenvSwitch, con el puedes automatizar su reinicio nada más al ejecutarlo. El comando para hacer

```
#!/usr/bin

# Reiniciar el servicio de OpenvSwitch

sudo systemctl restart openvswitch-switch
echo "OpenvSwitch reiniciado."
```

eso es el siguiente:

Además de eso, da la posibilidad de integrarse en un sistema de monitoreo para reiniciar OpenvSwitch en caso de algún fallo.

Script para Generar un Respaldo de Configuración

Este script guarda la configuración actual de OpenvSwitch en un archivo, útil para mantener un respaldo.

```
#!/usr/bin

BACKUP_DIR="/var/backups/ovs"
mkdir -p $BACKUP_DIR

# Archivo de respaldo con fecha
BACKUP_FILE="$BACKUP_DIR/ovs_backup_$(date +%F).conf"

# Guardar la configuración
sudo ovs-vsctl show > $BACKUP_FILE
echo "Respaldo guardado en $BACKUP_FILE"
```

Script para Limpiar Reglas de Flujo

Este script elimina todas las reglas de flujo de un bridge específico.

```
    #!/bin/bash

    BRIDGE_NAME="br0"
    sudo ovs-ofctl del-flows $BRIDGE_NAME
    echo "Todas las reglas de flujo en $BRIDGE_NAME han sido
eliminadas."
```

En conclusión, la automatización y el scripting son esenciales para gestionar OpenvSwitch en entornos grandes o dinámicos. Al usar scripts, los administradores de red pueden optimizar tareas repetitivas, mejorar la seguridad y reducir el tiempo de inactividad. Los ejemplos en Bash y Python proporcionados aquí pueden servir como punto de partida para implementar soluciones de automatización personalizadas.

BIBLIOGRAFIA.

https://www.openvswitch.org/

https://forum.huawei.com/enterprise/es/qu%C3%A9-es-open-vswitch/thread/667215611194916864-667212887476809728

https://es.wikipedia.org/wiki/Open_vSwitch

https://www.kyndryl.com/es/es/learn/sdn-vs-traditional-networking#:~:text=%C2%BFQu%C3%A9%20es%20una%20red%20tradicional,el%20tr%C3%A1fico%20en%20la%20red.

https://blogs.salleurl.edu/es/redes-tradicionales-vs-sdn-definidas-por-software

https://es.wikipedia.org/wiki/Conmutaci%C3%B3n_(redes_de_comunicaci%C3%B3n)

https://www.ecured.cu/Conmutaci%C3%B3n_(Redes_de_comunicaci%C3%B3n)

https://www.juniper.net/mx/es/research-topics/what-is-a-network-switch.html

https://aws.amazon.com/es/what-is/routing/

https://www.cloudflare.com/es-es/learning/network-layer/what-is-routing/

https://www.tokioschool.com/enrutamiento/

https://es.wikipedia.org/wiki/VLAN

https://www.ibm.com/docs/es/aix/7.1?topic=cards-virtual-local-area-networks

https://www.redeszone.net/tutoriales/redes-cable/vlan-tipos-configuracion/

https://www.ionos.es/digitalguide/servidores/know-how/vlan/

https://es.wikipedia.org/wiki/Open_vSwitch

https://luisarizmendi.blogspot.com/2014/07/kvm-y-open-vswitch-ovs-componentes.html

https://forum.huawei.com/enterprise/es/%C2%BFQu%C3%A9-es-OpenFlow-Conceptos-B%C3%A1sicos/thread/748398411205459968-667212883622244352

https://www.virtualbox.org/

BIBLIOGRAFIA IMÁGENES.

https://blogs.salleurl.edu/es/redes-tradicionales-vs-sdn-definidas-por-software

https://www.ecured.cu/Conmutaci%C3%B3n_%28Redes_de_comunicaci%C3%B3n%29#/media/File:Conmutacion_de_red.jpg

https://www.tecnoseguro.com/tutoriales/fundamentos-enrutamiento-draytek

https://www.ionos.es/digitalguide/servidores/know-how/vlan/

https://es.wikipedia.org/wiki/Open_vSwitch

https://forum.huawei.com/enterprise/es/%C2%BFQu%C3%A9-es-OpenFlow-Conceptos-B%C3%A1sicos/thread/748398411205459968-667212883622244352

Kolibri 360 GmbH
Ferdinand-Jühlke-Straße 7
99095 Erfurt, Deutschland
produktsicherheit@kolibri360.de

Druck:
CPI Druckdienstleistungen GmbH
im Auftrag der
Kolibri 360 GmbH
Ferdinand-Jühlke-Str. 7
99095 Erfurt